ROCÍO

Primera edición: marzo 2006

Diseño de cubierta: Manuel García

Redacción: Lucía Villanueva

EDICIONES ESPEJO DE TINTA
C/ General Arrando, 40 B – 28010 Madrid
Teléfono: 91 700 00 41
e-mail: editorial@espejodetinta.es
www.espejodetinta.es

ISBN: 84-96280-56-X
Depósito Legal: V-1264-06
Impresión: Nexográfico (Paterna) Valencia

Printed in Spain - Impreso en España

ROCÍO
DE LUNA BLANCA

Espejo de Tinta

PRÓLOGO

Eres la paloma brava
Que abrazas cielos enteros
Con los vientos de tus alas,
Tú eres como una ola
Y un clavel encendido
Que hasta el fuego lo quemaba

Antonio Burgos

Es un privilegio para nosotros firmar el prólogo de este libro; de este riguroso y documentado libro sobre una irrepetible artista y una gaditana apasionada y libre. La historia arranca en Chipiona, marinera, al lado del nacimiento de «la mar de Cádiz», vecina del Guadalquivir, «ese río que siempre quiso ser mar», con las alas al viento y los perfumes del Coto de Doñana. En esa villa abierta y tolerante nace el 18 de septiembre de 1944 Rocío Mohedano Jurado. Por sus venas corre el «rh» positivo del arte.

Nieta del *Piliya*, ahijada del *Caena*, hija mayor de Fernando Mohedano, zapatero prodigioso de Chipiona, de alma flamenco y metido en todo lo que a este arte se refiere. «El padre de los gitanos», le llamaban. Su madre, Rosario Jurado, hermosa como un jacinto, que al decir de muchos «ni una, ni uno, cantaora o cantaor, cantó la copla mejor que la Rosario, ese que calla y la copla se queda sola». En ese crisol, donde el cante y la copla son parte del alimento diario, Rocío van creciendo «en edad y sabiduría», pero pronto recibe el primer zarpazo. Los impuestos de la vida que hay que pagar sin plazos ni demora. Acaba de cumplir doce años cuando fallece su padre. Como se decía en los pueblos de Andalucía, Fernando el zapatero se ha llevado la llave de la despensa. Sin embargo, en Rocío el arte ya había prendido; su padre se había encargado de ello. Se podía cantar, pero también había que comer. En aquellos tiempos no existían los planes de pensiones, ni seguros de vida, ni asistentes sociales: sólo hambre, sol y moscas.

Rocío fue temporera en el campo, faenando en la vendimia, en las mismas tierras que más tarde fueron suyas. Trató también de seguir con el taller de zapatería. Todo resultó inútil. El cerco negro de la miseria no da cuartelillo. Jurado, como Escarlata O'Hara, jura que su madre y sus hermanos pequeños, Gloria y Amador, no pasarán hambre. Los abuelos hacen bueno este juramento, y acogen a toda la familia.

Ella, que siempre —y ya entonces— está «en el punto de partida», decide viajar a Sevilla. Allí interviene en un programa de radio —el medio, en aquella época, de todos los comienzos—. Se llamaba, oportuna y premonitoriamente, *Primer aplauso.* Fue, además, el primer premio. Son doscientas maravillosas pesetas. El arte empieza a ser rentable.

Nada menos que en Jerez de la Frontera, en su Teatro Villa Marta, se celebra el Concurso Nacional de Cantes. Allí estaban artistas de la categoría de *Jarrito*, Terremoto de Jerez, Paco Aguilera y Los Chiquitos de Algeciras, que era como se hacían llamar por aquel tiempo Pepe y Paco de Lucía. El locutor lo anunció solemnemente: «Ganadora del primer premio de cantes de Huelva y Cádiz, Rocío Jurado...». Una niña, una mujer, de 16 años.

He llegao donde he llegao / y quiero llegar a más / por mi madre lo he jurao. Ese fandango la acompañará siempre.

Sé que no tengo cura / y no me quejo a nadie de mi suerte. Cantar es el único gozo posible. Reúne un escaso dinero que su abuelo, a pesar de su oposición, le da.

Doña Rosario, la madre, y Rocío, la niña, marchan a Madrid en las pateras que eran entonces los vagones de tercera. Tiempos de estrecheces y desánimo. Pero antes muerta que fracasada.

Siempre han existido hadas madrinas. La de Rocío fue Concha *la del Yoni*, mujer muy relacionada en los ambientes artísticos, quien consigue que la niña debute. Y consiguió más: Jurado se doctora en flamenco por la universidad de El Duende, regido por Pastora Imperio —otra andaluza de tronío—, y en la «pontificia» de Los Canasteros, que tenía como «rector magnífico» a Manolo Caracol.

Nunca olvidará aquellos doctorados; el flamenco estará siempre en sus espectáculos.

El cante está en sus raíces / porque nació cantaora / se lo escuché a Pastora y a Caracol / ¿Conoce y dice los cantes? / los de ahora y los de antes / tiene cicatrices en su garganta / y un quejío que da escalofrío / copla en flor de Andalucía / perla de la mar Atlántica / Rocío es una muchacha romántica / acodada en la bahía / farera mayor / vigía luminosa (Antonio Murciano).

El milagro se ha producido, los dioses del cante han decretado el nacimiento de una superestrella. Pasan años y años para que los caprichosos dioses se pongan de acuerdo. Rocío empieza a ser «la Jurado».

Pasodobles, su primer montaje como cabecera de cartel, supuso el reconocimiento de crítica y público. Todos comprendieron que una andaluza volvía a ser la reina indiscutible de la copla.

La rueda que lleva a la cumbre se ha puesto a girar. Discos, galas, televisión... Cada día un escalón más arriba. Su arte se enriquece y se va llenando de matices, de sentimientos nuevos. Pero no termina de llegar el salto definitivo. La puerta está abierta, pero esa puerta no es la de Príncipe. El aire alrededor de Rocío se tensa, piensa dejarlo todo, volver a Chipiona. Esto de la copla no es como el cine de serie B americano, tan justamente valorado. Aquí, o se es de cinco tenedores o no vale la pena.

No olvidemos que Rocío es una elegida de los dioses. Y de ellos llega un enviado: Luis Sanz. Tiene la misión de ponerla en su sitio; es decir, en un trono.

Concha Piquer, Juanita Reina, Lola Flores, Marifé de Triana, Antoñita Moreno... nombres todos insignes y figuras indiscutibles en los últimos cuarenta años, ponían las cosas difíciles para estar a la altura del máximo nivel. Era pues necesario renovar el género.

Jurado y Sanz se vampirizan el uno al otro. De esta comunión nace *Fiesta*, un espectáculo que guarda las formas del *varieté* tradicional, pero vistiéndolo, orquestándolo, iluminándolo de una manera distinta. Jurado sale a escena esplendorosa, canta un repertorio compuesto por Rafael de León y Juan Solano, junto a baladas de José Feliciano, Leo Dann y otros. El éxito es definitivo y se acentúa al quedar grabados los temas en un disco que incluye un título tan emblemático en su carrera como *El clavel*.

Jurado rompe moldes. Sale vestida por Balenciaga, Chanel, Herreo y Ollero, Tony Benítez, Marbel Junior y muchos más. Como en su vida, nunca renuncia a sus raíces. Siempre hay batas de cola, verdaderas joyas que firman las mejores manos del momento, como Lina y Salaito.

Rocío desafía a los censores de la época. Aparece sensual, felina, provocadora... La España mojigata se hace cruces. Sus escotes en Televisión Española desatan crisis gubernamentales. La Jurado luchadora, moderna, que defiende a la mujer y su trabajo, está al alcance de todos los españoles. *Yo no soy como crees que soy / que soy paloma brava.* Ahora cuando se agacha es para agradecer los aplausos, los vítores. Pero no ha olvidado cuando lo hacía para recoger uvas por un mísero jornal. Por eso la Jurado siempre está en guerra.

Que para triunfar en la vida / no hace falta envidiar / lo que hace falta son reaños / y ganas de trabajar / y vengan años y años. Con ese lema tira para adelante y siempre más arriba.

Y se produce uno de esos encuentros que marcan a fuego una carrera: Manuel Alejandro le compone sus primeras canciones. *A que no te vas / a que no te atreves a marcharte / para siempre como dices que lo harás.* No se va; sigue.

En 1978 se pone al frente de todas las listas de ventas con *De ahora en adelante.* Jurado y Alejandro consiguen la cuadratura del círculo. Cada tema es para la antología de la belleza, irrepetible. En 1979 se produce un desmentido: segundas partes no sólo pueden ser buenas, pueden ser maravillosas. *Señora* consigue mejorar el anterior trabajo.

Rocío suele decir: «No sé si soy la más grande, pero posiblemente sí la más larga». En su garganta cualquier género encuentra a la madre de todos los cantes. Prueba de esto es que en 1979, y contraviniendo los consejos de que al estar en la cumbre «únicamente debes de grabar baladas y canciones ligeras», ella vuelve a sus orígenes haciendo un inolvidable disco de flamenco, echando por tierra los augurios de que un paso así perjudicaría su voz.

Por derecho es un doble álbum donde la artista toca todos los palos del género. Le acompañan primerísimas figuras: Paco Cepero, Enrique de Melchor, Niño Ricardo y el gran Melchor de Marchena. Salta a las rancheras con *Rocío canta a México*, haciendo suyo el repertorio azteca. Instalada en su «largura», graba dos discos de copla, donde repasa lo mejor de los grandes maestros y coloca en el sitio y la dignidad que merece a este género que es parte de la cultura popular. Pone la guinda del musical gitano *Ven y sígueme*, junto a Manolo Sanlúcar y Juan Peña, *El Lebrijano*, compañero de fatigas en sus comienzos madrileños.

Otro «punto de partida». Vuelve a ser la diva de la canción. En 1981 el megaéxito *Como una ola. Perdí el timón / sin darme apenas cuenta / como una ola.* No pierde el timón. El éxito en los grandes no desaparece, se transforma en más y más éxito. Sus giras ya empiezan en Nueva York y terminan en Buenos Aires. Media América la aplaude en pie.

Hemos hecho un viaje rapidísimo por una dilatada trayectoria musical de la que en este libro encontrarán una amplia y detallada historia.

Pero no quisiéramos dejarnos en el tintero dos acontecimientos artísticos que vivimos y disfrutamos cerca de nuestra estrella. *Azabache*, el musical de la Expo 92 de Sevilla. Jurado estaba, sencillamente, en estado de gracia. Para muchos, la cúspide de su magistral talento. Cómo olvidar, también, su concierto en el Teatro Real, presidido por Su Majestad la reina doña Sofía y Su Alteza Real doña María de las Mercedes. Para aquella ocasión, Rocío se anunciaba en los carteles como «cantaora», con humildad y respeto a sus orígenes flamencos. Del clamor, a relataros renunciamos. Su cante no dejó duda: Falla, Granados y Turina habían encontrado la garganta deseada.

Su paso por el cine no está indudablemente a la altura de su voz. Ella se siente orgullosa, y con razón, de su colaboración con Carlos Saura, tanto en *Amor brujo* como en *Sevillanas*. Su última película, hasta el momento, fue *La Lola se va a los puertos*, versión de la obra de los hermanos Machado, que anteriormente rodara Juanita Reina, ídolo artístico y gran amiga de Rocío. Josefina Molina dirigió con gran dignidad este filme, en el que Paco Rabal y Pepe Sancho estaban magníficos. En esa ocasión la estrella —nuestra estrella— supo dar vida a una cantaora madura y cansada. Su buen amigo Luis Méndez produjo con todos los medios la película. Anécdota: la mujer de Luis, Manoli, en tiempos magnífica bailarina conocida como *La Muñeca* por su belleza, debutó con Rocío en el tablao El Duende. Todavía hoy mantienen una magnífica amistad.

No podemos terminar sin hablar del ser humano. Cuando la Jurado aparca la estrella que lleva dentro, se convierte en una mujer desnuda de cuerpo y alma; dispuesta a entregarse, sencilla, normalísima... vamos, de las que guisan, lavan y tienden. Y, por supuesto, muy graciosa y divertida. Algo así como la sal de Cádiz. Culta —aunque algunos puedan dudarlo—, interesada por el mundo que la rodea. En realidad nunca ha padecido el síndrome de La Moncloa, ¡perdón!, de La Moraleja... Parte de su tiempo lo ocupa en devorar libros de historia. Como amigos, hemos tenido ocasión de convivir y escuchar sus frases: «Con todo, me sigue dando más miedo subirme a un escenario que subirme a la vida». Y una premonitoria: «Con salud se puede comprar dinero, con dinero no se puede comprar salud...».

La fidelidad de Rocío a su gente es insobornable. *Fiel, te juro que soy fiel / aunque me cuesta sangre / porque mi vida es ideal para engañarte.* Por supuesto, los peajes de la vida te acompañan. El primero fue la muerte de su padre, Fernando. «Algo se me fue contigo, madre»; nunca pudo asumir la desaparición de Rosario: «Las fatiguitas que habíamos pasado juntas, y cuando llegan los días de vino y rosas ella se va para siempre».

Vuelve la felicidad. Se casa el 21 de mayo de 1976 con Pedro Carrasco. Se amaron muchísimo, pero... se les rompió el amor «de tanto usarlo». De aquella pasión conserva lo más grande que tiene: su hija Rocío. Madre amantísima, a veces atravesada por la duda de si su carrera pudo perjudicar la infancia de la niña. Rocío Carrasco, durante un tiempo, estuvo muy apegada a su padre; seguro que quería compensar que Pedro ya había perdido sus días de gloria deportiva y su madre estaba en la ola más alta del éxito.

Andaba navegando por la madurez sin el amor que tanto deseaba. Y de pronto, en el último minuto, aparece José Ortega Cano, torero triunfador. *Va por usted mi pasodoble / va por usted torero.* Son la pareja perfecta. Han inventado un cóctel fascinante: mezcle usted amor, pasión, amistad, complicidad, juego y... unas gotitas de celos; agítese y sírvase en la alcoba. Esta pareja nunca ha navegado a la deriva. Su amor siempre ha sido candela viva. El 17 de febrero de 1995 la boda de Rocío y José fue, sin lugar a dudas, el acontecimiento del año. *Me colgué de tu boca con locura / sin miedo de morir en la aventura / y me caló tu amor hasta los huesos.*

La generosidad de Rocío Jurado llega a extremos increíbles. Para muestra valga esto que contamos: con ocasión del juicio que el primer marido de Rocío Carrasco, Antonio David Flores, interpuso contra Rocío, en presencia de María Teresa Campos suplicó de rodillas al periodista Jesús Mariñas que no se metiera más con su ex yerno porque ante todo Antonio David era el padre de sus nietos. Nunca ha tolerado que en su casa se hable mal de Antonio David Flores.

Les queremos contar un momento dramático que marcó a Rocío Jurado y a toda su familia. Se había celebrado en Yerbabuena el bautizo de los hijos del matrimonio, José Fernando y Gloria Camila. Fue una fiesta de rumbo, siguiendo el sello de la casa. Rocío Carrasco estaba al comienzo de su noviazgo con Fidel Albiac. La pareja había quedado en Madrid al día siguiente. En un mundo con el toro presente, la tragedia ronda a las cinco de la tarde. A esa hora me encontraba en Sevilla, cuando se produce una comunicación telefónica entre nosotros:

—Enrique, me ha llamado la Guardia Civil para decirme que Rocío Carrasco ha sufrido un terrible accidente. No me atrevo a llamar a la Jurado.

—Voy a intentar hablar con Amador.

Resultó imposible contactar con el hermano de la artista. Llamamos a José Ortega Cano, que en ese instante había sido avisado de lo ocurrido por la Guardia Civil. Rocío gritaba y pedía por favor que Teresa le jurara que su hija estaba viva. Un momento terrible hasta que se convenció a Rocío de que viajara con tranquilidad a Madrid, pues su hija podía salvarse. A partir de aquel día, la madre amantísima estuvo con su hija, sin despegarse de la cama del hospital, hasta que volvieron juntas a casa. Y Fidel pasó a ser un miembro más de la familia.

Hablando de familia, ese núcleo lo es todo para Rocío. A los quince años se convirtió en el padre y la madre de los suyos.

Comentábamos en broma que la generosidad de Rocío es tal, que rozarse con ella significaba una pensión vitalicia. Hay claros ejemplos... No digamos para todos los medios de comunicación: los que la tratan con el respeto que se merece —una inmensa mayoría— y los que se dedican al comentario insidioso, cuando no calumnioso.

Profesionalmente, Rocío se exige tanto, que comentando el gran éxito que había supuesto su reaparición en el especial de Televisión Española *Rocío ¡siempre!*, decía: «No he estado tan bien, lo debería haber hecho mucho mejor. El artista sabe esto mejor que nadie».

Por eso, por luchadora, porque no es una mujer vencida, porque como nos dijo José Ortega Cano en Houston «tiene raza, bravura y casta de torero», no dudamos que Rocío superará su enfermedad. Ella siempre tuvo una mala salud de hierro y nunca se dejó vencer.

Queremos finalizar este prólogo como termina Rocío Jurado, la más grande, sus conciertos:

Te amo en la alegría y en el llanto
Te amo en el peligro y en la calma
Te amo tanto, yo te amo tanto,
Os ha amado como nadie os ha amado nunca
Vuestra... Rocío Jurado.

María Teresa Campos
Enrique Miguel Rodríguez

MARÍA DEL ROCÍO TRINIDAD MOHEDANO JURADO, la cantante que todos conocemos como ROCÍO JURADO, es una de las grandes voces de la canción española de todos los tiempos. Nace el 18 de septiembre de 1944 en la localidad gaditana de Chipiona y ahora, a sus 61 años, puede decirse que ha pasado por casi todo.

Una jovencísima Rocío Jurado posa en Madrid en 1965.

LA NIÑA DE LOS PREMIOS

El fallecimiento de su padre, el zapatero del pueblo, cuando Rocío es sólo una adolescente, la obliga a dejar precipitadamente los estudios en el Colegio La Divina Pastora y trabajar para traer dinero a casa. Rocío es la mayor de tres hermanos y tiene que empezar a buscarse la vida como costurera o recogiendo uvas en el campo. Años después, se le ha escuchado decir que si hay algo de lo que se arrepiente en su vida es de haber abandonado el colegio, aunque también reconoce que lo hizo muy orgullosa, sabiendo que así ayudaba a su familia, que es lo más importante para ella.

Su otra pasión, la música, le invade desde muy pequeña y tan dolorosa pérdida no consigue desbaratar su profundo sueño de convertirse en una gran artista. Bien al contrario, la empuja a intentarlo con todas sus fuerzas. Pero, como dice el refrán, el que algo quiere, algo le cuesta, y para Rocío todo son obstáculos.

La cantante posa para los medios de comunicación junto al bailarín Antonio en los años sesenta.

A la férrea oposición familiar se une la mala racha económica por la que pasan tras la muerte de su padre. De su trabajo en la zapatería deja algunos ahorros que, inevitablemente, desaparecen a los pocos meses del fallecimiento. Ante esta situación de necesidad, alguien tiene que traer dinero a la casa. Su madre, Rosario, está muy ocupada cuidando de los pequeños, Gloria y Amador, por lo que es Rocío la que tiene que encargarse de sacar adelante el taller de su padre. Sin embargo, su escasa experiencia en este oficio y, finalmente, la falta de pedidos, la obligan a cerrar definitivamente la zapatería.

Sin dinero ni trabajo, la familia tiene que recurrir a los abuelos, que no dudan en acogerlos en su casa. Pero Rocío sabe que no pueden estar viviendo de ellos, por lo que, a su corta edad, se arma de valor y trabaja en todo lo que le va saliendo sin hacer distinciones y con el único objetivo de llevar un sueldo a su madre. Así, trabaja de aprendiz en un taller de costura pero también de temporera en el campo, algo que no gusta a la familia.

En un viaje a Sevilla, diversas circunstancias la llevan a encontrarse con una locutora de Radio Nacional que, al escucharla cantar, la anima a que se presente a un concurso para cantantes noveles que organiza la emisora. Una ilusionada Rocío, que ve en este concurso una primera oportunidad para realizar su sueño, convence a su madre para que la deje presentarse. Y, por una vez, la suerte le sonríe: Rocío gana. El premio, su primer premio, una botella de gaseosa y doscientas pesetas.

La artista, durante la grabación de un programa para Televisión Española en 1970.

PUSH

A partir de este momento, la niña acude a todos los concursos radiofónicos que puede y, además, los gana. En estos comienzos artísticos se la conoce como *la niña de los premios.* Y es que ésta es sólo la primera fase del concurso. Rocío tiene que viajar a Sevilla varias veces más para ir pasando por sucesivas pruebas eliminatorias hasta que, por fin, llega a la final y consigue alzarse con el primer premio con tan sólo catorce años. Empiezan a perfilarse así los primeros trazos de lo que más adelante se descubrirá como una joven promesa.

La familia de Rocío no comprende todavía que el cante es su verdadera vocación y sigue pensando que no es el camino más indicado para una niña de su edad. En esta época no está bien vista la vida de la artista. A las cantantes se las sigue considerando poco menos que como cupletistas de burdel, por lo que a todos les preocupa que alguien pueda cruzarse con la pequeña y le haga perder el rumbo.

Su abuelo es el más firme opositor que se encuentra y a él es al que tiene que convencer para que le deje viajar a Madrid a probar suerte. Hay quien dice que para ello, Rocío, empeñada en conseguir lo que quiere, hace incluso una huelga de hambre durante siete días al término de los cuales el abuelo accede a hablar con ella.

Las palabras de Rocío hacen mella en su abuelo, quien finalmente consiente y la deja marchar, aunque en el fondo piensa que aquella aventura no puede tener un final feliz, y que pronto regresará con el fracaso marcado en su rostro.

En uno de sus viajes a América, la cantante Rocío Jurado recibe un premio en Nueva York en 1974.

hotel
MELIA MADRID

PASTORA IMPERIO

Con ocho mil pesetas que les da el abuelo, madre e hija emprenden el viaje a Madrid.

La llegada nada tiene que ver con lo que la pequeña Rocío espera. El dinero sólo les da para alojarse en una mala pensión donde no lo pasan precisamente bien y en una ciudad tan grande, donde no conocen a nadie, es difícil hacerse un hueco.

Pasa el tiempo y la situación se vuelve crítica. Piensan incluso que ha llegado el momento de rendirse ante la evidencia de que en Madrid poco van a conseguir y se plantean la posibilidad de regresar a Chipiona. Pero entonces aparece en sus vidas Pastora Imperio, quien desde entonces se convierte en una gran amiga. La artista no duda en ayudar a esta joven promesa y le da la oportunidad de actuar como palmera en el tablao madrileño El Duende, de Gitanillo de Triana. Vestida de flamenca, con zapatos de tacón y un moño, forma parte del cuadro flamenco que acompaña a los artistas que desfilan por el tablao.

ROSÍO

PASACALLE

LETRA DE

R. DE LEÓN

MÚSICA DE

QUIROGA

UNIÓN MUSICAL ESPAÑOLA

(Antes "Casa Dotésio") ••• Editores

Carrera de S. Jerónimo, 24 - MADRID - Apartado 170

BILBAO :-: BARCELONA :-: VALENCIA :-: SANTANDER :-: ALICANTE :-: PARIS

17165

N. P. 2,50 Ptas.

Poco a poco, y gracias a su voz, va destacando por encima de sus compañeros hasta que consigue ser solista. Madre e hija encuentran, al fin, una buena razón que les anima a quedarse en Madrid.

En este tablao coinciden muchas personalidades españolas de la época. Manolo Caracol está entre los habituales del local y, cuando la descubre, le propone actuar en Los Canasteros, uno de los locales más conocidos de Madrid y que él mismo regenta. En este tablao Rocío actúa ya sola, acompañada por un guitarrista y por sus propias palmas. No necesita nada más para llenar el escenario.

En estos años, Rocío conoce también a Concha Piquer, a la que admira con locura. Cuando le pide a la joven que cante algo, ella, sin pensarlo, se lanza con canciones de la Piquer. A ésta no le hace ninguna gracia que una niña recién llegada se atreva a hacer tal cosa, por lo que, muy airada, le dice que si triunfa, lo hará por guapa y no por cantar bien. Todo un desengaño para la chipionera, que sólo pretendía agradarla.

A pesar de este contratiempo puntual, Rocío ya se ha hecho un pequeño hueco en la escena musical madrileña. Sólo le falta dar el salto definitivo que la consagre como artista, por lo que no puede permitirse rechazar ninguna oferta, sea de lo que sea. Así que, para darse a conocer, decide probar suerte y demostrar otra de sus facetas artísticas. Como a todas las intérpretes de la época, le atrae también el cine. Son estos unos años en los que al público le gustan las películas de cantantes y es otro conocido andaluz, el joven Manolo Escobar, el que la lleva de la mano al mundo del cine.

Portada de uno de los primeros discos de la cantante.

En 1963, consigue que interprete un papel en la que también es su primera película: *Los guerrilleros.*

La carrera de Rocío Jurado en el celuloide no ha hecho más que empezar. Tras su debut como actriz, se convierte en la protagonista absoluta de una nueva película, *Proceso a una estrella*, dirigida por Rafael J. Salvia, sobre un argumento y guión firmados por el propio realizador. Este filme narra la oscura historia de Rosa Lucena, una famosa cantante a la que acusan de asesinar a su *partenaire* artístico.

El mismo año colabora también en la película *En Andalucía nació el amor*, junto al actor Juan Luis Galiardo y al torero El Cordobés, que es una de las figuras más populares del momento.

Su incursión en el mundo del cine no le hace olvidar los escenarios y el Teatro la Zarzuela de Madrid es testigo, en 1967, de su primer éxito realmente importante con el espectáculo *Pasodobles*, en el que interpreta temas de dos de los grandes maestros de la copla, el sevillano Manuel Quiroga y el jerezano Antonio Quintero. Sube de la mano de una tonadillera de renombre: Rosita Ferrer.

Pero Rocío Jurado llena sólo con su presencia los escenarios. Su belleza es reconocida por todos. Así, en 1968 le aconsejan que se presente al concurso Lady España y, aunque al principio se muestra reacia, pensando que un certamen de estas características no tiene nada que ver con la carrera que está emprendiendo, finalmente accede, convencida de que puede ayudarla a darse a conocer.

Cartel de primer éxito de la cantante, en 1967.

MANOLO ESCOBAR
ROCIO JURADO
ARTURO GONZALEZ
SUEVIA FILMS
CESAREO GONZALEZ
GRACITA MORALES
MANOLO GOMEZ BUR
PAULA MARTEL
JOSE LUIS PELLICENA
RAFAEL DURAN
LOS
GUERRILLEROS
SUPERSCOPE
EASTMANCOLOR
DIRECTOR PEDRO L. RAMIREZ · FOTOGRAFIA ALFREDO FRAILE · UNA PRODUCCION ARTURO GONZALEZ · ALFREDO FRAILE
Deposito Legal B-20555/1962 Carville Barcelona

Y como ocurría con los concursos radiofónicos a los que se presentaba cuando era una cría, éste también lo gana. Y no sólo eso: un año después, también logra hacerse con el tercer puesto en el concurso de Lady Europa. Así, no sólo consigue que la reconozcan en España sino que también la descubran en otros países europeos.

En estos años sigue actuando por toda España, en teatros o en televisión, intentando demostrar que ella es capaz de hacer algo distinto con la canción española, que es capaz de imprimirle su personalidad arrolladora. En el aspecto estético, Rocío también quiere renovarse. Con el pelo suelto, huyendo del clásico moño que lucen otras artistas, teñida ya de caoba y vestida de Balenciaga y Chanel, con minifaldas, chales y plumas, se va imponiendo, a su manera, con esta particular revisión del folclore español. Escotes y espaldas que exhibe sin ningún tipo de rubor ante una sociedad conservadora que en más de una ocasión se lleva las manos a la cabeza ante tal atrevimiento.

En esta época, Rocío continúa repartiendo su tiempo entre escenarios y platós. A principios de los setenta protagoniza una nueva película, producida en este caso por Televisión Española y dirigida por Fernando García de la Vega: *Lola, la piconera*, un telefilme que nunca se estrena en salas de cine. Se trata de una adaptación de la obra *Cuando las Cortes de Cádiz*, de José María Pemán, una obra que ya había sido llevada al cine veinte años atrás por Luis Lucía y con la genial Juanita Reina en el papel principal.

Cartel de primer éxito de la cantante, en 1967.

TEATRO CARRION
NOVIEMBRE
11
Tarde y noche
COLSADA
PRESENTA
A LA MAXIMA FIGURA
ROCIO JURADO
EN EL
ESTRENO
de la fantasía lírica de QUINTERO, LEON y QUIROGA
inspirada en sus más populares creaciones
PASODOBLE
Con la genial canzonetista
CARMEN JARA
y el cómico del momento
Fernando ESTESO
Dirección escénica
JOAQUIN DEUS
★★★★
Un alarde espectacular
Autorizado para todos los públicos

En esta década de los setenta sigue desarrollando sus facetas de actriz y cantante. Tras *Una chica casi decente*, una coproducción con Italia dirigida por Germán Lorente, se le presenta la oportunidad de viajar junto a su madre a Sudamérica, donde ya conocen sus canciones y, sin dudar ni un momento, se trasladan de buena gana a Argentina. En el país porteño rueda una serie de películas que, desgraciadamente, no llegan nunca a exhibirse en España, ni siquiera a través de Televisión Española: *La zapatera prodigiosa*, un musical sobre la obra de Federico García Lorca, *De España al cielo* y *Aquellos tiempos*, que fue candidata al Premio Martín Fierro, uno de los más prestigiosos del país latinoamericano. Es ésta la primera de las muchas giras que años después realizará por el continente americano, donde desde los inicios de su carrera le han venido reconociendo todos sus éxitos tanto con el calor del público como con innumerables premios. Ya no hay nadie que no haya oído hablar de Rocío Jurado a ambos lados del Atlántico. Y más desde la publicación en 1974 del disco *Amor marinero*.

A su vuelta a España, encabeza el reparto de *La querida*, una película dirigida por Fernando Fernán Gómez, quien también es uno de los protagonistas, y que se estrena rodeada de polémica por la temática que aborda, bien reflejada en el título. Vienen después unos años en los que aparca el cine para dedicarse en cuerpo y alma a lo suyo, que es cantar. Comienza entonces su ascenso artístico al lado del afamado compositor Manuel Alejandro, por cuyas obras se pelean todas las folclóricas. A Rocío le escribe canciones tan populares como *Si amanece...*, *Lo siento, mi amor*, *¿A que no te vas?* o *Sevilla mora*.

DELTA FILMS
S.A.
ROCIO
JURADO
GIANCARLO
DEL DUCA
JOSE
TOLEDANO
JANO.
PROCESO
A UNA
ESTRELLA
COLOR
DIRECTOR: RAFAEL J. SALVIA
LIT V MIRABET - A CADARSO, 30 - VALENCIA

AMOR MARINERO

Este pañuelo de seda, caray,
me lo trajo un marinero,
con la boquita de fresa, caray,
y los ojitos de cielo.

Besos de ron y de menta
en estos labios me da.
Y estoy echando la cuenta, caray,
pa'que no vuelva a la mar.

Mis brazos son las amarras
de tu querer, marinero.

Yo soy la bahía,
tú eres el velero.
No me dejes niño
que sin tu querer me muero.

Si piensas darme de lao, caray,
yo te lo aviso primero,
que tengo número dao, caray,
a cinco o seis marineros...

García Tejero/Bazán 1974
BMG Music Spain, S.A.

Rocío posa en los autos de choque.

4

ESPOSA, MADRE Y ARTISTA

El 21 de mayo de 1976 contrae matrimonio con el boxeador Pedro Carrasco en el templo de la Virgen de Regla, de Chipiona, imagen por la que Rocío siempre ha sentido una gran devoción. El pueblo entero sale a la calle para aclamar a la popular pareja. Por aquel entonces, Pedro Carrasco es mundialmente conocido al haber logrado cinco años antes el campeonato mundial del peso ligero. Ante tal aglomeración, a la pareja le cuesta lo suyo alcanzar el templo y poder celebrar la ceremonia. Tal es el fervor y el cariño que le profesan los chipioneros.

El diseño que viste la tonadillera, firmado por Herrera y Ollero, es, como no podía ser menos, de inspiración andaluza. Una especie de bata de cola, con dos volantes delante y cuatro detrás, rematados en ondas de seda y con flores bordadas.

Un año más tarde, el 29 de abril de 1977, nace en la maternidad de Nuestra Señora de Loreto la única hija de la pareja, Rocío Carrasco, a la que todo el mundo conoce como *Rociíto*. Junto a la cantante, y sin separase un momento de su lado, se encuentra su marido Pedro. El bautizo de la pequeña se celebra un mes después en la iglesia de Nuestra Señora del Rocío, en Huelva, con una concha de plata del siglo XVII que pertenece a la iglesia de Nuestra Señora de la O en Chipiona y con la que, según cuentan, también había sido bautizada la propia Rocío.

Esposa, madre y artista internacional, tiene que repartir su tiempo entre todo lo que más quiere en este mundo. La familia y el cante, las dos cosas más importantes para Rocío, se le presentan ahora como elementos contrapuestos. No puede dedicarse tanto como quisiera a su hija y a su marido si no quiere descuidar los compromisos artísticos que ha ido contrayendo en los últimos años. Por todo esto sufre mucho, pero la cantante hace lo impensable para poder compaginar todo y salir adelante con la fuerza que la caracteriza.

Rocío y Pedro, todavía en el hospital, presentan a su recién nacida.

Este mismo año, ve su esfuerzo recompensado con un homenaje muy personal que recibe de su pueblo natal. El alcalde de Chipiona, Antonio Rodríguez, le agradece profundamente el haber llevado el nombre de su pueblo a la escena artística nacional e internacional. Como reconocimiento, descubre el rótulo de la nueva avenida del Puerto de Chipiona, que desde entonces lleva el nombre de Rocío Jurado.

En 1978 logra uno de los mayores éxitos de su carrera con el disco *De ahora en adelante*. Había abandonado la casa discográfica Columbia y se había pasado a RCA, donde se había aliado definitivamente con Manuel Alejandro.

El bautizo de la pequeña se convierte en todo un acontecimiento.

SI AMANECE

Si amanece y ves
que estoy dormida
cállate, cállate, cállate
déjame soñar con tus caricias
y cállate, cállate, cállate.

Si amanece y ves
que estoy desnuda
cúbreme, cúbreme, cúbreme
cierra la ventana
si no hay luna
y cúbreme, cúbreme, cúbreme.

Si amanece y ves
que estoy despierta
porque de tu amor
aún no estoy llena
ámame otra vez
ámame otra
con las mismas fuerzas
que la primera vez.

Si amanece y ves
que estoy despierta...

Manuel Alejandro/Ana Magdalena 1974
BMG Music Spain, S.A.

Rocío y Rociíto, en su casa de Chipiona.

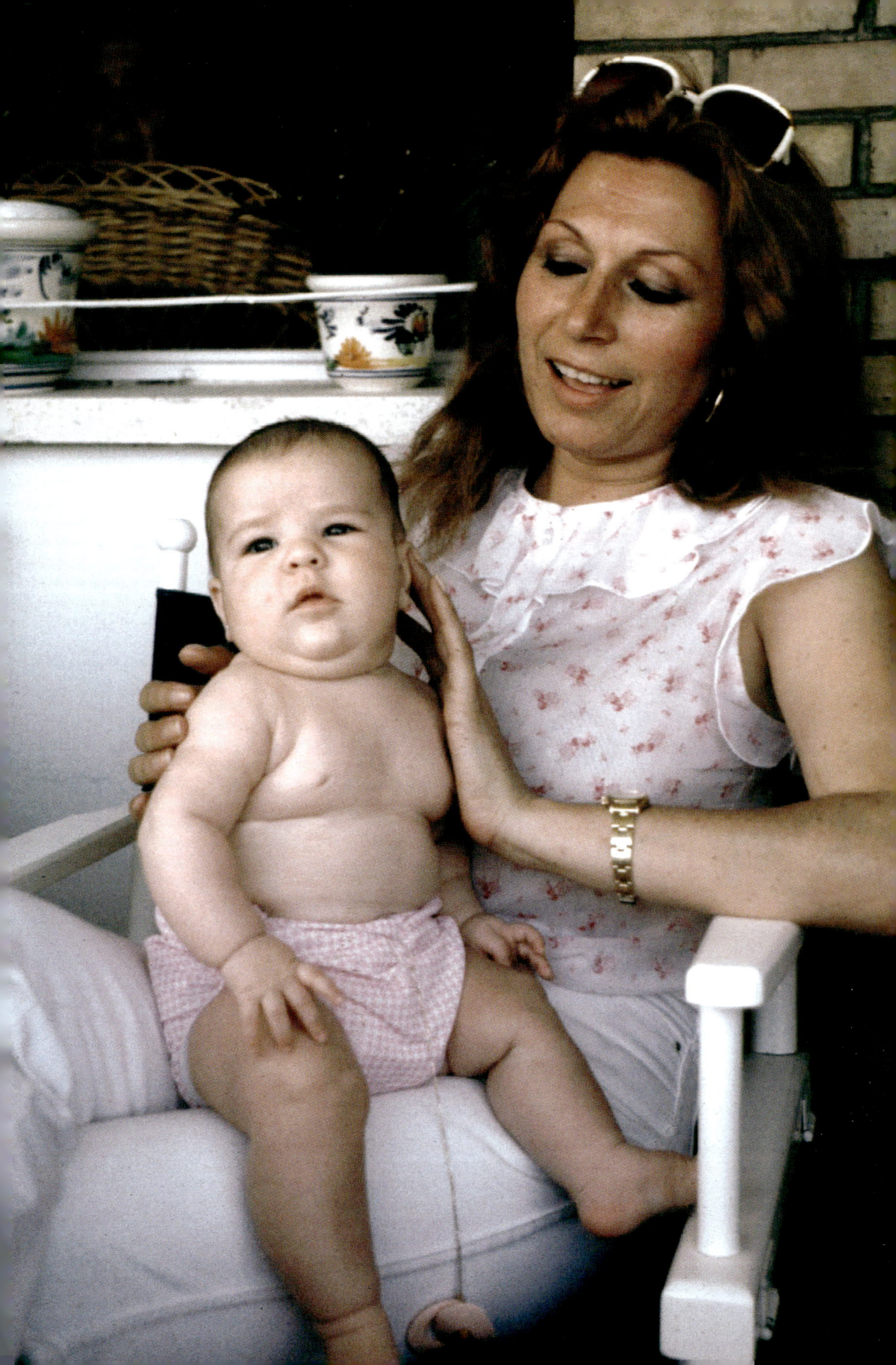

LA GRAN PÉRDIDA

Pero la vida le juega una mala pasada y, el mes de junio, fallece su madre, a los 51 años, de cáncer de páncreas, la misma enfermedad que, tiempo después, le diagnosticarán a la propia Rocío. Los primeros síntomas se habían manifestado poco tiempo después de la boda de la cantante, pero Rosario accede a someterse a una complicada operación, lo que le permite, por lo menos, conocer a su nieta.

La artista se sume en una gran tristeza. Se queda sin su mejor amiga, sin la que ha sido su compañera durante los años más difíciles y duros de su vida. Pero saca fuerzas de donde apenas quedan para poder continuar con su carrera y, a lo largo del año siguiente, salen a la luz tres discos con los que alcanza, definitivamente, su plenitud artística: *Por derecho, Canta a México* y *Señora*. Este último, el más importante de esta época, recoge los diez principales temas de su trayectoria. La de Chipiona ha puesto en marcha una maquinaria que difícilmente podrá parar.

Rocío y su madre Rosario estaban muy unidas.

COMO YO TE AMO

Como yo te amo,
como yo te amo,
convéncete;
convéncete;
nadie te amará.

Como yo te amo,
como yo te amo,
olvídate;
olvídate;
nadie te amará
nadie te amará
nadie porque

Yo,
te amo con la fuerza de los mares,

yo,
te amo con el ímpetu del viento,

yo,
te amo en la distancia y en el tiempo,

yo,
te amo con mi alma y con mi carne

yo,
te amo como el niño a su mañana,

yo,
te amo como el hombre a su recuerdo…

Manuel Alejandro/Ana Magdalena 1978
BMG Music Spain, S.A.

En 1980 sale el disco homónimo *Rocío Jurado* y, en verano, inicia una serie de galas en la madrileña sala La Riviera, donde interpreta viejas y nuevas canciones de su repertorio, entre las que también hay un conjunto de rancheras, que acentúa la cálida relación que mantiene con América en general, y con México en particular. El crítico José Miguel Ullán escribe con rotundidad en la crónica que aparece en el diario *El País* (09-07-1980): «Empieza con *Como yo te amo*, pionera y pulcra versión del tema de Manuel Alejandro que, sin embargo, se vio desmerecida por la que sacó Raphael. [...] Al público le gustaba y lanzaba al escenario puñados de claveles. [...] Palmas, aplausos, ovaciones. [...] Desgrana todo su repertorio con sólida eficacia para los asistentes».

En 1981 publica *Como una ola*, un trabajo mundialmente famoso por la canción que le da título y que lleva a Rocío directa a la cima. También aparecen ese mismo año *Canciones de España*, un sincero homenaje a los mejores temas de la música española, y *Ven y sígueme*, un doble LP en el que canta junto a Manolo Sanlúcar y Juan Peña, *El Lebrijano*.

La pequeña Rocío recibe la Primera Comunión.

COMO UNA OLA

Grabé tu nombre en mi barca,
me hice por ti marinero
para cruzar los mares
surcando los deseos.
Fui tan feliz en tus brazos,
fui tan feliz en tu puerto
que el corazón quedó preso
de tu cuerpo y de tu piel.

Como una ola
tu amor llegó a mi vida
como una ola
de fuego y de caricias
de espuma blanca y rumor de caracolas
como una ola
y yo quedé prendida en tu tormenta
perdí el timón sin darme apenas cuenta,
como una ola,
tu amor creció como una ola.

Bajé del cielo una estrella
en el hueco de mis manos
y la prendí a tu cuello
cuando te dije «te amo»
pero al mirarte a los ojos
vi una luz de desencanto,
me avergoncé de mi estrella
y llorando me dormí…

J.L. Armenteros/ P. Herrero 1981
BMG Music Spain, S.A.

En abril de 1982, olvidada ya la censura, Televisión Española le dedica un programa especial. Por aquel entonces Rocío Jurado ya se había configurado como uno de los mitos más afianzados dentro del panorama de la música popular española. Se emite en horario estelar, a las diez y media de la noche, cuando todas las familias se sientan frente al televisor. La grabación se había realizado días atrás en el madrileño Teatro Alcalá. El público asistente está completamente entregado a la chipionera más internacional y le grita lo impensable hasta conseguir que la intérprete, que ha visto de todo en sus años frente al público, se ruborice en el escenario. Aunque, claro, con su buen carácter, la cantante se lo toma a risa.

Rocío y Rociíto bailan en una fiesta en su casa de La Moraleja.

Al término del recital, una *partenaire* inesperada sube a hacerle compañía en el escenario. La pequeña Rociíto aparece delante de todos. Después, hablando con los medios de comunicación que han acudido a la actuación, Rocío justifica esta aparición para que no puedan acusarla de oportunista: «Se muere de ganas por salir al escenario. Y lo malo es que, una vez encima, ya no quiere marcharse. Me hace pasar unos apuros tremendos... Yo he querido darle esa ilusión, aunque me pone mala que algunos piensen que se trata de un truco facilón. Hay madres que, día a día, pueden satisfacer los caprichos de sus hijos. Como yo no puedo ejercer a menudo de madre, justo es que compense a mi hija con creces en las raras ocasiones que tengo que hacerlo». (*El País*, 02-04-1982)

Entre el repertorio de canciones que se escuchan en la actuación para Televisión Española, la cantante recupera temas que su público conoce bien. Sin embargo, le ofrece también algunos de sus últimos éxitos, como *Naranja, pero limón* y *Como una ola*. Un recital que se convierte en el resumen de los veinte años que Rocío lleva subida a tablaos y escenarios de medio mundo, con miles de actuaciones a su espalda.

Pocos días después, la Asociación de Críticos de Cine hispanos de Nueva York concede sus premios anuales a las películas españolas que se han estrenado en Estados Unidos. En esta edición, los críticos eligen a Rocío Jurado como la mejor cantante folclórica del año.

A finales de año, de hecho, se hace patente el éxito que Rocío tiene en los escenarios estadounidenses, especialmente en las zonas en las que el castellano está más extendido. En Miami, por ejemplo, en el mes de noviembre, consigue un lleno absoluto en el local donde actúa, el Theatre of the Performing Arts de Miami Beach. El público que asiste a su recital queda encantado con la chipionera y la acoge, levantándose de sus asientos, con una gran ovación. En esta actuación interpreta canciones de su último trabajo *Ven y sígueme*, intercaladas con temas de discos anteriores, suficientemente conocidos por los asistentes, como *Muera el amor* y *Como una ola*. Y es que Miami es para la cantante como su cuartel general cada vez que hace alguna gira por el continente americano, donde empieza y donde acaba siempre sus conciertos.

Pero esta cantante de raza no se toma ni un momento de descanso y al año siguiente ya se pueden escuchar dos nuevos trabajos: *Desde dentro* e *Y sin embargo te quiero*. Ese año, además, repite premio en Estados Unidos: la Asociación de Cronistas de Espectáculos en Español de Nueva York le otorga el premio a la mejor cantante del año confirmándose, una vez más, como una de las voces españolas más internacionales de la época.

Y SIN EMBARGO, TE QUIERO

Me lo dijeron mil veces
mas yo nunca quise poner atención,
cuando vinieron los llantos
ya estaba metido muy dentro de mi
corazón.

Te esperaba hasta muy tarde
ningún reproche te hacía
lo más que te preguntaba
era que si me querías.

Y bajo tus besos, en la madrugá
sin que tú notaras la cruz de mi
angustia
solía cantar:

Te quiero más que a mis ojos,
te quiero más que a mi vida
más que al aire que respiro,
y más que a la mare mía.

Que se me paren los pulsos
si te dejo de querer
que las campanas me doblen
si te engaño alguna vez.

Eres mi vida y mi muerte
te lo juro compañero
no debía de quererte
no debía de quererte
y sin embargo te quiero.

Vives con unas y con otras
y ná se te importa de mi soledad
sabes que tienes un hijo
y ni el apellido le vienes a dar.
Llorando junto a la cuna
me dan las claras del día,
mi niño no tiene pare
que pena la suerte mía…

Quintero/León/Quiroga

Por aquel entonces, la popular Rocío Jurado ya se ha convertido en la cantante española que más cobra por actuación: casi 9.000 euros, aunque de esta suma hay que descontar, claro está, los 3.600 euros que se llevan los gastos y su equipo. Por detrás de la cantante están José Luis Perales y Rocío Dúrcal, con 6.000 euros por actuación, Mocedades, con 5.400, Isabel Pantoja, con 5.100, y Víctor Manuel, con 4.800 euros.

Encadenando un éxito tras otro, en su Chipiona natal se sienten cada vez más orgullosos y el año siguiente, en 1984, vuelven a rendirle un cálido homenaje. El entonces presidente de la comunidad autónoma andaluza, José Rodríguez de la Borbolla, le impone la Medalla de Oro al Mérito Turístico que concede la villa gaditana, una distinción que reconoce lo que Rocío hace por la promoción de su pueblo por todo el mundo. Pero Rodríguez de la Borbolla va más allá diciendo que «Rocío ha ayudado a que haya más cultura». Entre los asistentes al acto también se encuentra el escultor Juan de Ávalos, quien anuncia por sorpresa que se compromete a realizarle su particular homenaje a la internacional intérprete de la canción española: un busto de mármol que regalará al pueblo de Chipiona.

En 1985 edita el disco *Paloma brava*, grabado junto a su inseparable compositor Manuel Alejandro. Para algunos críticos, la chipionera es ya la mejor tonadillera del panorama nacional, y para los españoles, una artista imprescindible. Este trabajo, a finales de 1986, está a punto de alcanzar el disco de platino, un galardón que se otorga cuando se venden más de 100.000 copias de un disco.

PALOMA BRAVA

Tú piensas que yo soy una paloma
dichosa de picar entre tus manos
el pan que pones cuando se te antoja,
que a veces se te antoja de año en año.

Tú crees que soy de piedra o soy de nieve
que no deseo los besos de tu boca
y crees que en el amor soy indiferente,
por eso tú me das tan poca cosa.

Y yo no soy
como crees que yo soy;
que soy paloma brava
y para saciar mi sed
toda la lluvia no basta.

Que yo no soy
como crees que yo soy;
que soy paloma brava
y para saciar mi sed
toda la lluvia no basta.

Tú crees que soy feliz con casi nada
y estás equivocado por completo;
me tienes que atender como Dios manda
que aún hay mucha mujer en este cuerpo…

Manuel Alejandro/María Alejandra 1985
EMI Odeón, S.A.

Las giras americanas continúan, y entre sus admiradores se encuentran personalidades de la talla del presidente de los Estados Unidos. Y en 1985, la cantante chipionera consigue hacer algo por lo que pocos españoles han pasado: el mismísimo Ronald Reagan la invita a una recepción en la Casa Blanca, donde la artista le dedica un recital. Ante el público asistente, el mandatario reconoce su admiración por la cantante.

La proyección internacional de Rocío no le hace olvidar a los grandes compositores españoles, entre los que destaca el maestro Manuel Quiroga. En 1986 cumple nada menos que 87 años y atraviesa por una época en la que parece que se le redescubre como músico. La ciudad de Madrid le nombra hijo adoptivo y la Sociedad General de Autores de España, junto al Ministerio de Cultura, le organiza un homenaje a la altura de tan renombrado compositor. La Orquesta Nacional de España ofrece un concierto, en el Teatro Real de Madrid, en el que interpretan 22 de sus temas más conocidos. Al homenaje no faltan los numerosos intérpretes de sus canciones, entre los que se encuentra la propia Rocío Jurado.

EL AMOR BRUJO

Este año, después de muchos de inactividad, supone también el reencuentro de Rocío con su otra faceta artística: el cine. Carlos Saura estrena la película *El amor brujo*. La Orquesta Nacional de España, dirigida por Jesús López Cobos, interpreta las soberbias partituras de Manuel de Falla. La voz la pone Rocío Jurado. Una esmerada producción, en definitiva, en la que no faltan nombres como Cristina Hoyos, Laura del Sol, Juan Antonio Jiménez o Emma Penella.

Poco después, la chipionera actúa también en el Teatro Monumental de Madrid. Casi dos semanas se mantiene su recital en cartel, un gran montaje ideado por Jaime Azpilicueta, que no escatima en medios. Orquesta en directo, cuerpo de baile y hasta una pantalla gigante sobre el escenario en la que se proyectan secuencias de la película de Carlos Saura. Es el toque culto del espectáculo, en el que no pueden faltar canciones del repertorio del compositor Manuel Alejandro, tan apreciadas por el público.

Foto de promoción.

Durante las dos semanas que dura en escena el montaje, Rocío siempre canta ante una sala llena por completo. De las 1.700 localidades con las que cuenta el teatro, sólo quedan por vender entradas con visibilidad reducida. Confiesa Rocío Jurado en una entrevista de entonces que tiene muchas ganas «de actuar en un teatro en Madrid» porque los precios son «más asequibles» y le permite volver a estar en contacto con su público, al que reconoce que echa de menos (*El País*, 06-11-1986).

A pesar de las incontables ocasiones en que lo ha hecho, la artista asegura que aún no ha perdido el miedo a subir a un escenario desde la primera vez que lo hizo, siendo una niña. Ese mismo miedo, todavía ahora, le sigue encogiendo el corazón: «Ese miedo nunca se pierde». Para combatir ese miedo, descansar a fondo y poder llegar a la actuación relajada, la cantante se ha retirado unos días antes de la primera gala al monasterio de El Paular, en Madrid.

La crónica de Ricardo Cantalapiedra sobre el espectáculo lo recuerda así: «Rocío Jurado es una esteta (o dos). Rocío puede mucho, pero no sólo por las memorables glándulas, sino, sobre todo, por el volcán que lleva dentro, siempre dispuesto a estallar. [...] Rocío es mucha Rocío. Es como una ola, como un ciclón imprevisible. [...] En su presentación hubo de pelear con los nervios desatados y con el sonido esquivo, pero su voz y su coraje se fueron afianzando progresivamente.

Vestida de flamenca, en un concierto en 1996.

Una cosa es evidente: Rocío Jurado es una flamenca que se ha metido a tonadillera por exigencias del mercado. De hecho, los momentos de más calidad se produjeron cuando, agazapada tras una preciosa bata de cola blanca, cantó fandangos y seguidillas acompañada por dos guitarristas, cuatro palmeros y doce *bailaores*. [...] En definitiva, Rocío Jurado ha querido dejar claro que a ella no le gana nadie, ni a voz, ni a flamenca, ni a tonadillera, ni a rumbosa, ni a guapa. Pero tiene que aprender a presentarse sin desahogos íntimos y sin bola a la galería. No hay cosa más bella y más emocionante que un artista lidiando con su soledad. Y eso ella está en condiciones de realizarlo, porque pueden más dos tetas que cien carretas».

Demuestran estas palabras que la cantante sigue desenvolviéndose con éxito en todos los estilos que se le presenten, igual le da que sean baladas, rancheras o bulerías. Es una artista que nunca se ha dejado encasillar, sino que, bien al contrario, se atreve con todo lo que caiga en sus manos. Aunque en sus recitales predominan inevitablemente las baladas, más asequibles para el gran público, en todos ellos dedica unos minutos a recordar sus comienzos, sus raíces flamencas, que es donde ella mejor se siente y donde se percibe su maestría.

Foto de promoción.

DISCO DE ORO EL PRIMER DÍA

Y como viene siendo costumbre, año nuevo, disco nuevo. Ya en marzo de 1987 la cantante presenta su nuevo trabajo *¿Dónde estás, amor?* en una sala de fiestas. Según manifiesta el presidente de la compañía discográfica, el elepé ya es disco de oro el primer día de venta, una circunstancia de la que no se tienen precedentes. La explicación es sencilla. Tal es la expectación que rodea a cada trabajo de la cantante que, antes incluso de que aparezca en el mercado, ya se habían solicitado más de 50.000 copias. El acto lo presenta el humorista Pedro Ruiz y cuenta, además, con las intervenciones de Emilio Romero, Antonio Mingote, Alfonso Usía y Fernando Ónega. Y es que la cantante tiene seguidores en todos los estratos sociales y políticos, por lo que no se sorprende al escuchar de boca de Alfonso Usía decirle: «¡Qué bestia, qué burra, qué sublime es usted actuando!».

Dos meses después, se encuentra la chipionera en un balcón de la Casa de la Panadería, en la Plaza Mayor de Madrid, lanzando el pregón de las Fiestas de San Isidro.

Rocío Jurado se pregunta «cuántos andaluces ha castellanizado Madrid y cuántos andaluces *andaluzaron* Castilla». Mientras pronuncia su discurso, en el se acuerda de todos los poetas, músicos y políticos andaluces que trabajan en Madrid, está acompañada de su hija Rociíto, vestida de chulapa madrileña, del alcalde Juan Barranco y de varios concejales. Pero la artista no puede ocultar su faceta de cantante. Se deja llevar y, sin poder evitarlo, empieza a expresarse como mejor sabe, olvidándose del texto que tiene que leer y arrancándose en varias ocasiones por sevillanas, fandangos y otras coplas, lo que hace las delicias del público. Su intervención termina con palabras de agradecimiento para el pueblo madrileño: «Y esta Rocío que hoy os habla y os canta ha querido subir hasta aquí sólo para decir gracias y piropos a Madrid y para anunciar a los cuatro vientos de la rosa de España que hoy comienzan las tradicionales y renacidas fiestas madrileñas de San Isidro». (*El País*, 09-05-1987)

A finales de la década de los ochenta sale a la venta el homenaje *Canciones de España: a mi querido Rafael de León* (1988). La presentación de este trabajo, en el que se hace acompañar por la Orquesta Bética Filarmónica, se convierte en todo un acontecimiento en los Reales Alcázares de Sevilla. Entre el público se encuentran varios políticos, con el presidente andaluz, Rodríguez de la Borbolla a la cabeza, ejecutivos discográficos y periodistas. Rocío Jurado interpreta ante ellos diez temas póstumos del gran letrista sevillano Rafael de León. La música pertenece a otro de los grandes músicos del género, el maestro Juan Solano.

El crítico Ricardo Cantalapiedra también escribe sobre este recital: «Rocío Jurado es ante todo tonadillera. En la copla están sus orígenes, ahí están sus poderes y ésa es la auténtica Rocío. Por eso ahora, en un momento en el que la tonadilla renace, la de Chipiona se agarra de nuevo a los mantones. [...] Al menos en esta ocasión, ha dejado a un lado su proverbial locuacidad escénica y se ha limitado al repertorio de este nuevo disco que con toda seguridad será un merecido éxito». (*El País*, 10-10-1988)

Sin embargo, a las pocas semanas, la canción española se ve obligada a despedir a otro de sus maestros. El sevillano Manuel Quiroga fallece en Madrid a los 89 años de edad, como consecuencia de un edema pulmonar. «El más inspirado y genial compositor de la tonadilla y de la canción española», como lo recuerda la prensa de entonces, había formado con Antonio Quintero y Rafael de León el terceto fundamental en la música popular española de los últimos cincuenta años. Además de haber puesto música a infinidad de películas, zarzuelas, sainetes y comedias, había compuesto más de 4.000 composiciones, en su mayoría canciones y coplas, que seguían dando la vuelta al mundo. Entre ellas, había alguna para Rocío Jurado.

El año siguiente, la cantante sigue cosechando premios en América. En marzo de 1989, la Asociación de Cronistas de Espectáculos de Nueva York le hace entrega de su máximo galardón, por distinción y mérito, en su 21ª edición. Un joven Pedro Almodóvar obtiene también el premio al mejor director y a la mejor película con *Mujeres al borde de un ataque de nervios.*

EL AMOR SE MUERE

Pedro Carrasco y Rocío Jurado parecen una de las parejas más sólidas del panorama artístico nacional. Si bien antes de la boda la vida sentimental de la artista es todo un misterio, al casarse dos personajes tan populares todos quieren ser partícipes de su felicidad, por lo que la prensa rosa les hace un importante hueco en sus páginas. Sin embargo, los continuos viajes de la cantante, obligada a dedicar mucho tiempo a su carrera, hacen que su matrimonio se vaya resintiendo poco a poco. En julio de 1989, tras trece años casados, la pareja no puede más que ratificar su separación matrimonial. «Pedro y yo nos hemos separado», confirma Rocío Jurado, sin querer entrar en detalles. «No quiero hacerle daño, pero tampoco puedo ocultar que se ha cambiado de casa», explica a los medios de comunicación. Ambos están convencidos de que la única posibilidad que les queda para no deteriorar su relación es separarse.

Tras la ruptura, la artista se viene abajo pero encuentra el consuelo que necesita volcándose aún más en su trabajo. Así, no deja de trabajar ni un momento y ese mismo año sale a la venta *Punto de partida*, con letra y música de Juan Pardo. Además, el Ayuntamiento de Almonte, en Huelva, le rinde un homenaje. La cantante acude a la aldea almonteña de El Rocío acompañada de su hija

Rocío, Rociíto y Pedro celebran la Navidad juntos en México. El matrimonio ya se ha separado pero siguen manteniendo una buena relación.

Rociíto, donde coincide además con Pedro, que todavía sigue siendo su marido, y le da, delante de todos, un cariñoso beso. A pesar del anuncio de separación, la pareja se deja ver juntos en público. Los rumores de una posible reconciliación empiezan a dibujarse en las revistas del corazón, por lo que la cantante se ve obligada a asegurar que, por el momento, esa reconciliación no es posible.

En estos días, la artista tiene algún desencuentro con la prensa. Ahora que lo está pasando mal, intenta que le respeten la parcela de intimidad que afecta a su vida privada. Nunca se ha llevado mal con los medios, siempre ha atendido a los periodistas sin problemas porque sabe que están haciendo su trabajo. Pero por eso mismo quiere que, si se publica algo, se relacione únicamente con su vida profesional.

Meses después la separación sigue adelante y la pareja la hace legal. Ambos acuden a los juzgados por separado, acompañados de sus respectivas abogadas. La cantante, que se dice que está atravesando por una depresión, oculta sus ojos con unas grandes gafas de sol. A la salida del juzgado, Pedro Carrasco explica a los medios de comunicación que la causa de la ruptura de su matrimonio con la cantante «la tiene el mundo que rodea a la canción». Las revistas de la fecha también se hacen eco de la triste separación y en ellas se pueden encontrar más declaraciones del ex boxeador en las que afirma que «convivir con una estrella como Rocío es muy difícil» pero que de volver a casarse, lo haría «con Rocío o con nadie».

La cantante no habla. Lo único que se sabe de ella es a través de su hermano, Amador Mohedano, que también la acompaña al juzgado y aprovecha para explicar que la separación no significa que la pareja haya perdido todo el cariño que se tenían. «Pedro entra en casa siempre que quiere ver a la niña y a su padre, que sigue en el chalé, al lado de su nieta». Amador confirma además que el estado de ánimo de Rocío después de lo ocurrido es bueno, «pese a la amargura de romper un matrimonio». Para la artista, la familia es una de las cosas más valoradas. Siente mucho no poder darle a su hija un hogar unido, como el que ella tuvo hasta el fallecimiento de su padre. Así que, para que la pequeña sufra lo menos posible, se esfuerza por mantener una buena relación con Pedro.

Rocío es una trabajadora infatigable que no se detiene por nada y, a pesar de la inmensa pena que le produce separarse de su marido, continúa con sus compromisos profesionales y canta también en un homenaje a Manuel de Falla y a Federico García Lorca en el Teatro Real. En un concierto presidido por la reina doña Sofía, la cantante, acompañada por la Orquesta Sinfónica de Murcia, interpreta piezas de un repertorio en el que se incluyen algunas de las canciones populares que Lorca y Falla recogieron del saber popular y adaptaron a la música orquestal.

Cuando la década de los noventa no hace más que empezar, aparecen dos nuevos trabajos: *Nueva Navidad* y *Rocío de luna blanca.* Para la presentación de este último, la cantante organiza un espectáculo por todo lo alto en el Teatro

Lope de Vega de Madrid. El disco cuenta con letra y música compuestas por José Luis Perales, y para la intérprete no puede ser simplemente un disco más, «sino el disco, el gran disco de Rocío Jurado, porque cuando canto lo siento hasta en las gotas de sudor que corren por mi cuerpo», explica a los medios de comunicación (*El País*, 20-05-1990). Rocío, que apenas ha hecho más que aterrizar de un vuelo desde Miami, presenta un aspecto cansado en la conferencia de prensa. Y es que al otro lado del Atlántico tampoco ha parado ni un momento. En el escaso tiempo que le han dejado los compromisos artísticos en América, ha tenido que buscar hueco para ir cerrando los últimos detalles de este nuevo trabajo, como, por ejemplo, dar el visto bueno a la portada.

Rocío de luna blanca se graba durante el mes de abril. El título del disco lo da una canción que, según el autor, pretende retratar a la artista. Esta colaboración entre ambos lleva tiempo gestándose. Tanto uno como otro tenían ganas de trabajar juntos desde que el compositor, siete años atrás, escribiera para la cantante *De quién será la culpa si el amor se muere.*

En estas canciones, cuyas letras hablan de la soledad de una mujer, hay una perfecta compenetración entre José Luis y Rocío que da como resultado un disco maravilloso. Nunca un trabajo de la cantante ha sido tan personal.

Después de la ruptura con Pedro Carrasco, las letras de desamor de las canciones son el elemento idóneo para que la prensa del corazón empiece a especular: *Volcán de amor y* fuego, *Tan sólo una mujer, Por si regresas, Ahora que no estás, Me muero por ti, La taberna del puerto...* Pero Rocío, inmediatamente, pone tierra de por medio y da por zanjada la cuestión diciendo que si tuviera que haber vivido todo lo que ha cantado estaría ya muerta.

Pasado el trago de la conferencia de prensa, toca ahora subir al escenario para demostrar todo lo dicho. Para la presentación del disco, la cantante tiene preparados nada menos que siete trajes. Después de una introducción de Antonio Gala, Rocío empieza el espectáculo con sus éxitos de siempre: *Paloma brava, Como una ola, Como yo te amo...* El auditorio está entregado y encantado con el reencuentro con la gran intérprete. Uno de los espectadores, según la crónica del diario *El País*, a punto está de saltar al escenario gritando: «No digas *ná* más, *Rosío*. No digas *ná* más, *miarma*».

En la segunda parte del espectáculo, una impresionante Rocío Jurado vestida de novia, con una flor roja en la mano, aparece ante el público mientras una luna blanca se exhibe sobre el fondo del escenario. Para terminar, y como es costumbre en todas sus actuaciones, cae una lluvia de claveles.

ROCÍO DE LUNA BLANCA

Soy sirena de un mar que se derrama
del sur hasta el olvido,
soy arena de playa silenciosa
cuando él está dormido
soy viento de levante si él se va,
soy dolor si él se ha ido,
soy un rayo de luna en soledad
y en el fondo del alma
soy Rocío.

Rocío de agua salada, sol y arena
Rocío, duende de Cádiz y piel morena,
Rocío de mil cantares bañados con azahares,
Rocío de la sonrisa y la pena,
Rocío de luna blanca,
Rocío de nubes negras,
Rocío desde la cuna y marinera
Rocío de luna blanca
Rocío de noches negras
Rocío desde la cuna y marinera.

Soy el grito de un pueblo
que se queja cantando bulerías,
soy la novia secreta de un velero
anclado en la bahía...

José Luis Perales 1990
EMI Odeón, S.A.

El mes siguiente comienza con mal pie la temporada de galas de verano. En su primer recital en la localidad sevillana de San Juan de Aznalfarache, sufre lo que en un primer momento parece un esguince. El intenso dolor le impide hacer muchos movimientos, pero la cantante se lo traga y continúa cantando, fiel a su público, hasta que finaliza el concierto.

A los dos días, la cantante no puede más e ingresa en la clínica Nuestra Señora de Aránzazu, de Sevilla. Tiene una hernia discal entre la cuarta y la quinta vértebra lumbar. Pedro Carrasco, Rociíto y otros familiares la acompañan en este duro momento, a la espera de saber si el equipo de neurocirujanos considera necesaria una intervención quirúrgica o si, por el contrario, basta con que la cantante se dedique a sí misma unos días de reposo. Finalmente, tiene que pasar por una operación de urgencia en el hospital de la Cruz Roja de Triana, donde, además, debe quedarse ingresada unas dos semanas, por lo que, muy a su pesar, tiene que anunciar la suspensión de los siguientes recitales programados, como el de las fiestas del Corpus de Granada.

SEVILLA: CUNA DE LA ESENCIA DEL ARTE

En 1991 publica el disco *Sevilla*. En esta misma ciudad, que la acoge siempre de una manera muy especial, interpreta el 1 de junio *El amor brujo*, de Manuel de Falla, en la plaza de toros de la Maestranza junto a la Orquesta Sinfónica de Bucarest. La actuación la organiza el Club Pineda para celebrar su 50º aniversario y tiene un carácter benéfico. Los fondos que se recaudan van a manos de la Fundación Reina Sofía para la Ayuda contra la Drogadicción y a las hermanas de la Cruz.

El director de orquesta Jorge Rubio elige a Rocío Jurado como solista por la interpretación que la cantante ya ha hecho de la obra de Falla en la película que dirigió Carlos Saura. Durante la presentación del espectáculo, Jorge Rubio asegura que «Rocío la canta como creo que hay que cantarla, ya que es una música culta, pero con una raíz popular». Ante eso, Rocío Jurado responde que siente una gran responsabilidad por cantar esta obra y, además, por hacerlo en Sevilla: «Para cualquier cantante, actuar en Sevilla es cantar en la cuna de la esencia del arte».

Rocío Jurado, durante una actuación en Benalmádena en el año 2000.

Meses después, la cantante sigue actuando en la capital hispalense, ya que es la encargada de inaugurar oficialmente con su actuación el Auditorio de la Exposición Universal de 1992. El espectáculo es uno de los más esperados por el público de todos los que se ofrecen en el período previo a la apertura de la Expo. De hecho, las 4.500 localidades se agotan nada más salir a la venta. Los que se quedan sin poder asistir tienen una segunda oportunidad de verlo o de oírlo a través de Televisión Española, Radio 1 y Radio Expo, que retransmiten en directo la actuación. El Auditorio es un recinto al aire libre que tiene un escenario de 2.500 metros cuadrados y es, además, el primer espacio escénico que se inaugura en la sevillana isla de La Cartuja en los meses anteriores al inicio de la Expo 92.

Y si los conciertos previos requieren la presencia de la tonadillera, los oficiales, una vez inaugurada la Exposición Universal en 1992, no pueden ser menos. En este gran evento en el que España enseña lo mejor que tiene al resto del mundo, un espectáculo reúne a cuatro importantes figuras de la canción española: Imperio Argentina, Juanita Reina, Nati Mistral y Rocío Jurado actúan, junto a la joven María Vidal, en el espectáculo *Azabache.*

Con esta primera actuación, de la que luego vienen casi cuarenta más, queda abierta definitivamente la temporada del Auditorio de Sevilla.

Azabache es el montaje más ambicioso de copla que hasta entonces se ha hecho en España. Diseñado, escrito y dirigido por Gerardo Vera, está pensado a lo grande. Quinientos cuarenta trajes, 180 mantones, 156 pelucas, 36 peinetas, 220 pares de zapatos, 140 músicos y bailarines, 60 técnicos, un decorado para cada canción... Y todo parece poco si se compara con las cuatro voces que se reúnen en el escenario.

Se trata de la única producción que asume por completo la Expo y su coste es también abrumador: cuesta alrededor de 4 millones de euros, de los cuales 2,5 son para la producción y el resto para el mantenimiento de las 200 personas que forman parte de la compañía.

«No he querido ser un moderno con la copla», explica el director de *Azabache* cuando presenta el montaje ante los medios de comunicación. «He respetado el género. Caería en un grave error si pensara que *Las cinco farolas* del maestro Solano son como un aria del *Macbeth* de Verdi. Cada cosa requiere un tratamiento escénico y yo he hecho un ejercicio de adecuación al género que estoy tratando, que no admite el modernismo impuesto».

J Granados
1997

Rocío recibe un cuadro con su busto como regalo de cumpleaños del programa *Cine de Barrio*.

Pero un montaje de tan grandes dimensiones requiere de una adecuada preparación que, por problemas técnicos y falta de ensayos, no puede alcanzarse para el día previsto. Así, el estreno de la obra tiene que aplazarse. La dura decisión la tienen que tomar los organizadores apenas dieciocho horas antes del estreno, después del ensayo general. Tanto Gerardo Vera como el director del auditorio achacan el aplazamiento al mal tiempo que ha hecho en Sevilla los días previos, que les hace perder dos días y medio.

Aunque el esquema de trabajo es muy preciso, el viento y la lluvia son elementos incontrolables y, en un espacio abierto como el Auditorio de Sevilla, impiden a la compañía trabajar a fondo en ultimar detalles. Durante uno de los ensayos, se detectan graves problemas de sincronización, de sonido y de iluminación. Además, el cambio de decorados no se hace tan rápido como se necesita.

Finalmente, el público puede presenciar el espectáculo el 8 de junio. Es la primera vez que las cuatro artistas suben juntas a un escenario, pero Rocío Jurado eclipsa a las demás, convirtiéndose en la gran triunfadora de la noche. El recital empieza con *Suspiros de España* y termina con *El Relicario.* También se escuchan *María de la O, Ojos verdes, Tatuaje, Capote de grana y oro, Los nardos, La violetera, Tientos, Francisco alegre y olé, Las cinco farolas, El día que nací yo, Antonio Vargas Heredia...* Así hasta 29 coplas, de las que 12 las interpreta Rocío Jurado.

Un escenario de viejo plató de cine convertido en un puerto caribeño, en un café o en toda una plaza de toros como la Maestranza y los bailes de los 60 componentes del ballet arropan a las intérpretes.

Cuando le toca el turno a Imperio Argentina llega la nostalgia. Después de tres décadas sin pisar un escenario, a esta artista de más de ochenta años le invade el miedo al volver a hacerlo. «Tengo el mismo terror que cuando tenía cuatro años», confiesa días antes a los medios de comunicación. Pero el público la quiere, sabe apreciar su arte. Y compensa las lágrimas de la artista, que termina llorando entre los brazos de una bailarina, con interminables aplausos.

El otro protagonista de la noche es sin duda el vestuario. La diseñadora italiana Franca Squarciapino no ha hecho ningún traje igual a otro. Ganadora de un Oscar por su trabajo en la película *Cyrano de Bergerac,* reconoce humildemente que, pese a lo espectacular del vestuario, ella no ha inventado nada, sino que se ha limitado a utilizar y mezclar tejidos para que los trajes de volantes parezcan vaporosos y ligeros en lugar de almidonados. Utilizando fotos y cuadros de la época, la diseñadora recrea en los vestidos escenas goyescas y estampas de plazas de toros.

Este mismo año de 1992, la artista Rocío Jurado participa en la película *Sevillanas*, de Carlos Saura, una cinta que también se exhibe en la Expo. Saura finaliza en enero el rodaje de lo que él considera «un musical más que un documental» con colaboradores de la talla de los guitarristas Manolo Sanlúcar y Paco de Lucía, que están juntos por primera vez en muchos años, a los que se unen otros grandes como Camarón, Lola Flores y Rocío Jurado.

Rocío saluda al diestro Ortega Cano durante una corrida del matador.

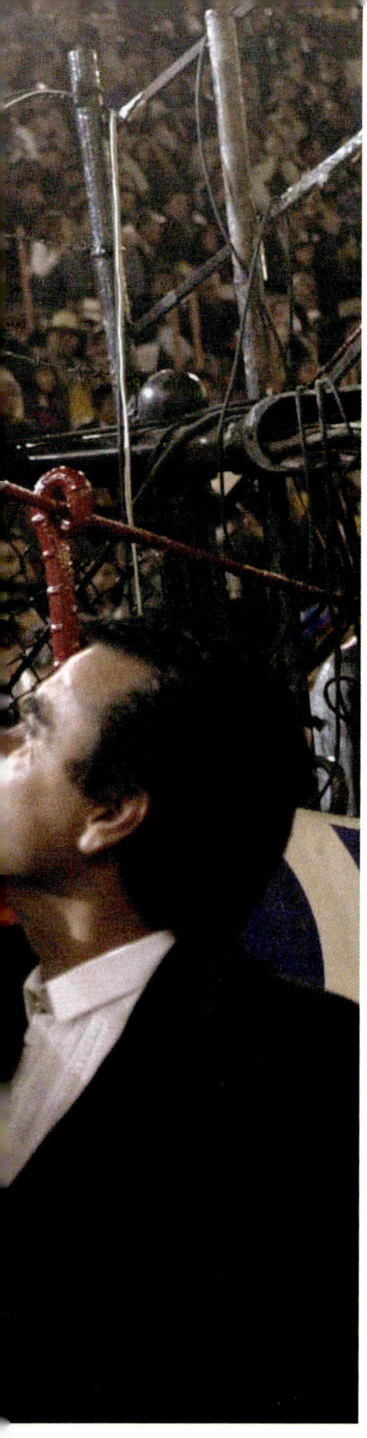

UN NUEVO ROMANCE

Al año siguiente, en 1993, protagoniza la película *La Lola se va a los Puertos* y presenta el disco con el mismo título. El filme, dirigido por Josefina Molina, cuenta también con la participación de Francisco Rabal y José Sancho. Se ambienta en la Andalucía de 1929, poco después de la primera Exposición Universal que se celebra en la capital andaluza y que, se dice, ha agotado el dinero de los sevillanos. Lola, interpretada por Rocío Jurado, es una mujer con un turbio pasado que canta flamenco para conseguir ser independiente, sin tener que rendirse ante hombres que quieren comprar su amor con dinero.

Estos elementos, puestos al día por Josefina Molina y sus guionistas leyendo la obra de los hermanos Machado, poco tienen que ver con los que el realizador Juan de Orduña muestra en su película *La Lola se va a los puertos*, de 1947, que tanto contribuye a la fama de Juanita Reina.

Muchos años ha estado Rocío alejada del cine. En sus inicios artísticos, reconoce que interpreta muchas películas por necesidad, por dinero o porque considera que beneficia a su carrera. Pero ninguna la llena del todo ni le hace realizarse como actriz, por lo que rechaza muchos proyectos. Hasta éste.

La razón que esgrime la artista es que le parece una historia bonita, bien planteada, y contada por una directora que, además, le inspira la confianza que necesita para volver a actuar ante las cámaras.

En el mes de abril del mismo año, Rocío publica el disco *Como las alas al viento.* La noche de su presentación en los salones del Casino de Madrid, la artista luce un espectacular vestido del diseñador Carlos Arturo Zapata, que es el que viste habitualmente a las *misses* colombianas. El creador idea para la cantante un traje con un gran cuello, volantes blancos y terciopelo negro. A los oídos de los delegados en países americanos de su discográfica ha llegado la noticia de que el último trabajo de la chipionera ha sido disco de oro antes incluso de llegar a las tiendas, por lo que se muestran impacientes por saber más de esta mujer.

Llega al acto muy bien acompañada. A un lado, el torero José Ortega Cano, al que ha conocido unos meses antes en la consulta de un médico, y que se ha convierte en su nuevo amor. Al otro, José Luis Rodríguez, *El Puma*, otro artista de la casa discográfica, con quien canta después en el minirrecital en directo con que cierran el evento.

Tomás Muñoz, director de la casa discográfica, cuenta a los periodistas que la idea de este disco había surgido en Miami, en medio de una reunión de amigos. El resultado es una mezcla de compositores como Isaac Albéniz, Brahms o Puccini, lo que da lugar a originales fusiones.

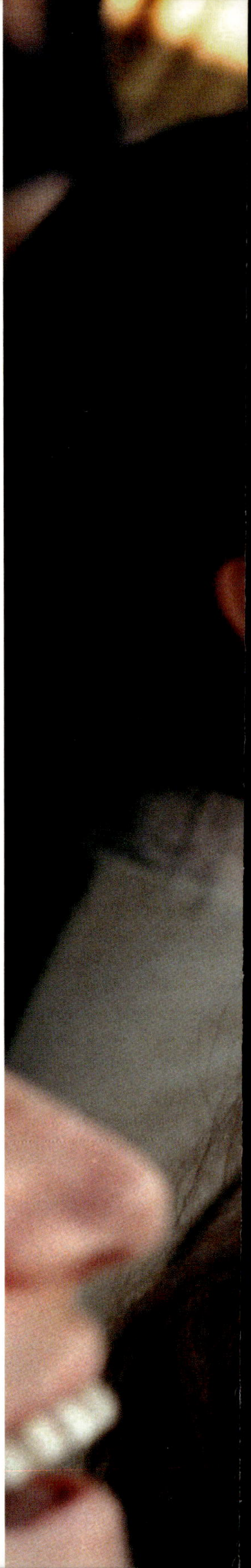

La cantante empieza a aficionarse a los toros y acude a numerosas corridas y capeas.

Entre los asistentes que disfrutan del recital se encuentran Juan Carlos Calderón y Manuel Alejandro; Josefina Molina y Teo Escamilla; sus dos galanes, Pepe Sancho y Jesús Cisneros; Jesús Quintero y Chummy Chúmez, y, por supuesto, su hija Rociíto, y sus hermanos Gloria y Amador.

Un año después, en 1994, la cantante firma el disco *Palabra de honor*, en el que interpreta una decena de canciones compuestas por Juan Pardo. Se trata de una incursión en un género inhabitual para la cantante, más cercano a la canción comprometida. «Parte de los beneficios de este tema irán para África. No el 0,7%, todo eso es un asunto de políticos, sino más. Hay que entrar a saco en este asunto, aunque yo sola no puedo arreglar el mundo», afirma Rocío en la presentación del trabajo, mostrando su vena solidaria. Sin embargo, la mayor parte del álbum sigue mentando los amores, porque, aunque en estos momentos no se puede hablar de fecha, sí hay una boda a la vista con el diestro de Cartagena.

Meses después, Rocío Jurado se convierte en uno de los finalistas que optan al Premio Príncipe de Asturias de las Artes. El compositor Cristóbal Halffter, el actor Fernando Fernán Gómez, el arquitecto Santiago Calatrava, las exposiciones *Las edades del hombre* y la Fundación Joan Miró son otros de los candidatos, aunque, finalmente, la pianista Alicia de la Rocha es la que se alza con el premio. Este galardón distingue «a aquella persona, grupo de trabajo o institución de las naciones que componen la comunidad iberoamericana cuya labor en los campos de la arquitectura, cinematografía, danza, escultura, música, pintura y demás expresiones artísticas, constituya una aportación significativa al patrimonio común». A ésta, la 14ª edición del premio, concurren 36 candidaturas y ya es un privilegio para Rocío encontrarse entre los finalistas.

Rocío Jurado junto a José Ortega Cano, en la madrileña plaza de toros de Las Ventas.

LA TONADILLERA SE CASA CON EL TORERO

En los meses siguientes, se acrecientan los rumores en torno a lo inmediato de una posible boda entre la tonadillera y el torero. La cantante de Chipiona ha encontrado de nuevo el amor en José Ortega Cano y, en alguna ocasión, reconoce que la relación es tan seria que no pueden «vivir juntos sin casarse». Ya en abril de 1993, una juez había disuelto el matrimonio con el ex boxeador Pedro Carrasco por divorcio, por lo que Rocío, soltera de nuevo, está convencida de que quiere volver a casarse y, cuanto antes, mejor.

La pareja, que lleva semanas mostrando su felicidad en las páginas de las revistas del corazón, tiene que casarse por lo civil, aunque no renuncia a celebrar una ceremonia religiosa más adelante. La tonadillera quiere pedir la nulidad de su primer matrimonio para poder casarse con Ortega Cano por la Iglesia porque, según confiesa en una revista, le quedaría «un resquemorcillo» como católica si se casara sólo civilmente, y que a José, «que es muy religioso», le pasaría lo mismo.

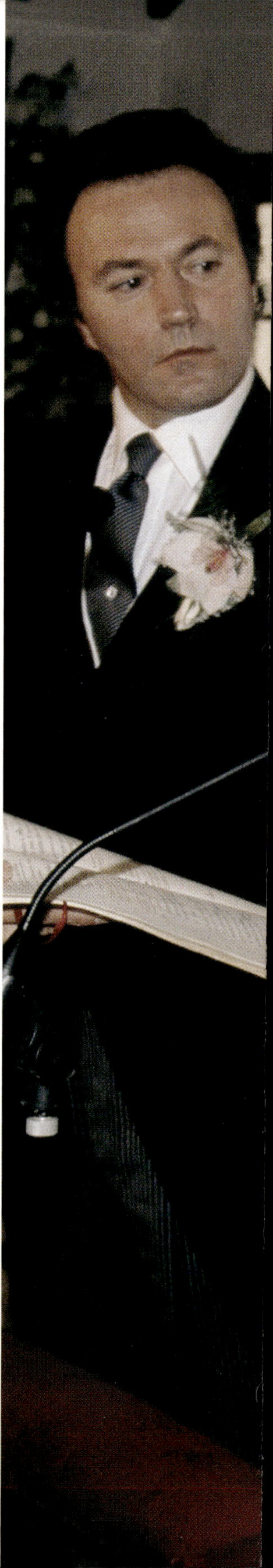

Rocío le pone el anillo a José ante la atenta mirada de su hermano Amador Mohedano.

Pero el tiempo pasa y hasta el verano de 1994 Rocío no consigue finalmente la nulidad de su primer matrimonio. En la revista *Diez Minutos*, la cantante anuncia que en el mes de octubre ya podrá casarse con José Ortega Cano y que lo harán en Chipiona, Sevilla o Cartagena. También adelanta que llevará «un vestido largo, sencillo y sin mucho aparato». Después de la boda vivirán en la casa que el torero tiene en la urbanización Fuente del Fresno, en Madrid. «José, como buen torero, me lleva a su terreno de maravilla, hace lo que quiere conmigo, pero es un hombre que convence porque tiene mucha bondad, sinceridad y nobleza», asegura Rocío en la revista.

A finales de verano, en septiembre, la pareja anuncia que se van a casar en la catedral de Sevilla el 28 de octubre si las obras del altar mayor están terminadas para entonces, según informa la revista *Lecturas.* En caso de que los trabajos continúen para esa fecha, la pareja podrá casarse en la basílica sevillana de la Macarena. De lo que no cabe duda es que la boda va a ser todo un acontecimiento social ya que, según la artista de Chipiona, no quieren hacerlo a escondidas, como si tuviesen algo que ocultar. El traje de novia es todavía un misterio, «preferentemente de seda y de un tono crudo o blanco», y del viaje de novios la revista sólo adelanta que va a ser al extranjero. La pareja cambia los planes con respecto a su futuro domicilio y declara que se van a instalar, a su regreso, en la casa que Rocío tiene en el barrio madrileño de La Moraleja. La artista asegura que, aunque sea su segunda boda, «no se puede hablar de más ni de menos ilusión, porque por mi mente nunca han pasado experiencias anteriores».

Pero en la catedral de Sevilla no puede ser y en la basílica de la Macarena, tampoco. A mediados de octubre, el párroco de la basílica, Antonio Cabeza Moya, que también es el director espiritual de la Hermandad de la Macarena, asegura durante una homilía que la ceremonia puede causar un daño moral a sus feligreses, según informa la agencia Efe. El párroco se opone a la boda eclesiástica de la pareja porque, al tratarse del segundo matrimonio de la cantante, los feligreses pueden pensar que la Iglesia le ha dado un trato preferente y le ha concedido la nulidad matrimonial únicamente por el hecho de ser famosa. Y llega a decir que, en el caso de que se celebre el enlace, dejará de ser párroco durante ese día.

La cantante chipionera y el diestro cartagenero, contrariados y perplejos por estas declaraciones, le responden que, según el Código de Derecho Canónico, tienen derecho a elegir el lugar donde celebrar su boda y que, si las cuestiones relacionadas con el primer matrimonio de Rocío están debidamente resueltas en los tribunales, él no es quién para juzgarlas.

Aun así, renuncian a celebrar el enlace en este templo y, meses después, llega la tan esperada noticia: el representante de la artista anuncia en diciembre que será definitivamente el 17 de febrero cuando la pareja se dé el sí quiero. La celebración será en la Yerbabuena, la finca que Ortega Cano tiene en un pueblo de Sevilla.

Pero cuando faltan pocos días para la boda, la pareja casi tiene que volver a aplazar la ceremonia. Como cada año, el diestro participa en la temporada taurina en América y nada más iniciarla, el 5 de enero de 1995, sufre una gravísima cornada en la feria de la ciudad colombiana de Cartagena de Indias. La cogida le afecta al costado derecho, donde le penetra más de medio pitón del primer toro de la corrida inaugural de la feria. El astado, que se llama *Buenmocito* y pesa 435 kilos de peso, le voltea en cinco ocasiones.

El torero tiene que pasar por tres operaciones, una en la enfermería de la plaza, inmediatamente después de la cogida, y dos en el Hospital Universitario, donde le ingresan después. Según el apoderado del diestro, Rafael Corbelle, «hubo momentos en que creímos que se moría». A pesar de que su estado es muy grave en un principio, los siguientes partes médicos ya aseguran que, aunque tenga que estar en la UCI, se encuentra en una situación estable.

En declaraciones a Radio Nacional de España, Rocío, que no está presente en la plaza en el momento de la cogida, afirma: «Ha sido un momento muy malo, pero parece que ha salido y que ha sido un milagro, estoy dando gracias a Dios. Él mismo me lo ha dicho: "Ha sido muy grave, Rocío, muy grave"». Respecto a la boda, que está prevista para el mes siguiente, la cantante dice que si hay que aplazarla, se aplaza: «Eso no tiene ninguna importancia, comparado con que él esté bien».

Según las primeras noticias, Ortega Cano tiene que guardar reposo unas tres semanas, tras permanecer en el hospital un mínimo de diez o doce días. Después, los más optimistas le dan un plazo de al menos un mes y medio para poder volver a torear.

Finalmente, el 18 de enero el torero recibe el alta. A la salida del hospital, asegura a los medios de comunicación que la boda sigue en pie. Y para demostrar que su recuperación está encaminada, a su llegada a Madrid, acompañado por su madre y su prometida, se mete de lleno en los preparativos del enlace, para el que queda menos de un mes.

Al igual que toda pareja mediática, entre estos preparativos también está la decisión de quién se va a encargar de filmar el enlace.

Ya han asegurado en los meses previos que la suya va a ser una boda entre multitudes y, aunque el número de invitados ya es desorbitado, no quieren defraudar a los admiradores que siempre les han acompañado. Pocos días antes del enlace, se hace público que lo va a hacer en exclusiva una productora de televisión. Su director general comunica a todas las televisiones que si desean imágenes de la ceremonia deberán pagar entre 6.000 y 30.000 euros.

Cadenas nacionales de televisión, públicas y privadas, como TVE, Antena 3, Canal +, Tele 5 y diversos canales autonómicos, como Canal Sur o Canal 9, se muestran indignados por la medida, y amenazan con boicotear el acontecimiento, ya que consideran un precio excesivo sólo por emitir unos minutos de la ceremonia.

Finalmente, los que quieren seguir la celebración en directo pueden hacerlo en Televisión Española, a través del programa *Pasa la vida*, que presenta María Teresa Campos. Además, Antena 3 dedica por la tarde el programa *A toda página* íntegramente al acontecimiento, ofreciendo imágenes de los momentos estelares.

Pero en Castilblanco de los Arroyos se viven estos momentos de manera mucho más intensa. Hasta la finca de la Yerbabuena, a 38 kilómetros de Sevilla, llegan los 1.600 invitados para acompañar a la feliz pareja en un día tan especial. Y hay de todo, pero todo muy mezclado: folclóricas, toreros, apoderados, ganaderos, empresarios, aristócratas, escultores, políticos, médicos, periodistas...

Una vez casados, los novios bailan radiantes de felicidad después del banquete nupcial.

Las primeras en llegar son Juanita Reina y Gracia Montes. A continuación, Federico Trillo, entonces portavoz del Partido Popular para asuntos jurídicos; Manuel Chaves, presidente de la Junta de Andalucía; los candidatos a la Alcaldía de Sevilla, el socialista Rodríguez de la Borbolla, la popular Soledad Becerril y el por entonces alcalde andalucista, Alejandro Rojas Marcos. Les siguen la duquesa de Alba, el doctor Gregorio Mariscal, en cuya consulta se conocieron los novios, el alcalde de Chipiona, Luis Mario Aparcero, Espartaco, Victorino Martín, Roberto Domínguez, Jaime Ostos, los *Litri*, padre e hijo, y un largo etcétera. La gran ausencia del día, la de Lola Flores, que está enferma.

La organización, que corre a cargo de Amador y Gloria Mohedano, los hermanos pequeños de Rocío, es perfecta. Dos carpas refrigeradas con grandes arañas, botellas de vino con etiquetas especiales y personalizadas para los novios, siete clases de cócteles, jamones y toda clase de especialidades servidas por el restaurante La Dorada, le dan el toque lujoso a la celebración.

El novio, vestido de corto; la novia, muy clásica, con un vestido de seda salvaje, color champán, ceñido y con cola de encaje, que complementa con una diadema de flores y un recogido goyesco. Llegan cada uno en un carruaje con seis caballos cartujanos cada uno, engalanados con madroños. Les preceden dos coches iguales que llevan a los pajes encabezados por la hija de la artista.

Amador Mohedano, hermano de Rocío, es el padrino; doña Juana, la madre del novio, la madrina.

El pueblo de Castilblanco sigue el acontecimiento en sillas de enea dispuestas a la entrada de la finca y, entre gritos de entusiasmo, les acompañan en su camino al altar. Ya en la iglesia, una ermita dedicada a la Santísima Trinidad, Rociíto lee unos párrafos de la Biblia antes de que los novios sellen su unión. Él duda y no sabe en qué dedo ponerle el anillo. Menos mal que ella se lo indica, cariñosamente. Pero Rocío, que parece más serena, en realidad tampoco lo está tanto y en vez de jurarle fidelidad le juró una «gran felicidad».

Se comenta que el convite ha costado casi 600.000 euros, mucho más de lo que la pareja se ha embolsado por las exclusivas del enlace. Pero el banquete es sólo el principio de una fiesta que se prolonga hasta el amanecer. (*El País*, 18-02-1995)

La luna de miel la pasan en Miami. En la revista *Hola*, la recién casada asegura que la noche de bodas ha sido maravillosa. Además, aprovecha para replicar las críticas que ha recibido por volver a casarse por la Iglesia: «Me casé de blanco porque quería que José tuviera a su lado a una novia y no una señora vestida de traje de chaqueta». También añade que «si Dios quisiera bendecirnos con un hijo, sería algo maravilloso».

El torero, que ha sufrido varias cogidas, le ha dado más de un susto a la cantante.

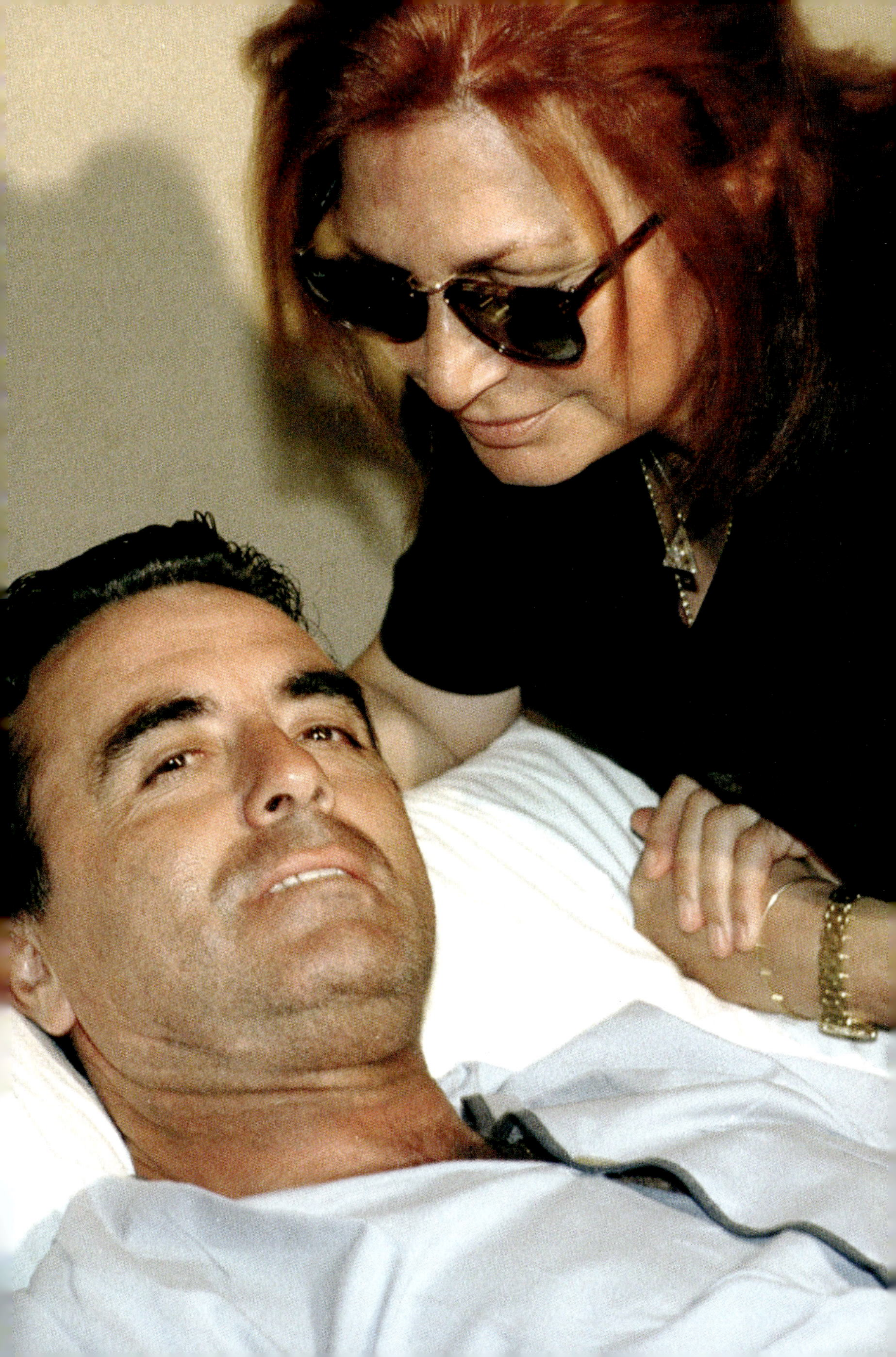

MEDALLA DE ORO AL MÉRITO DE LAS BELLAS ARTES

A los dos meses de la boda, la cantante reaparece con fuerza en el Teatro Calderón de Madrid con el espectáculo *Historia de una estrella*, un montaje dirigido por José Luis Moreno. El público espera ansioso por volver a ver a la artista sobre un escenario. Y Rocío Jurado no defrauda haciendo un recorrido por toda su trayectoria profesional, desde la copla hasta las baladas que la han dado a conocer en el extranjero.

Canta de todo y de todos: Falla, Tárrega, Quintero, León y Quiroga, Solano, Manuel Alejandro, José Luis Perales y Juan Pardo, este último, autor de casi todos los temas de su último disco, *Palabra de honor.* Y, por supuesto, como en cada actuación de la chipionera más internacional, el cante siempre encuentra su hueco, acompañada a la guitarra, en esta ocasión, por Enrique de Melchor y, en el baile, por el cuadro flamenco de Las Peligro. Para completar el montaje, 28 músicos dirigidos por Manolo Gas y 20 bailarines para los números coreográficos. José Luis Moreno, empresario de la sala, es el que se encarga de la dirección artística. En total, cerca de 60 personas al servicio de la estrella.

Si en 1994 Rocío Jurado se queda a las puertas de conseguir el Príncipe de Asturias, 1996 es el año en que se hace con la Medalla de Oro al Mérito de las Bellas Artes. En febrero, en un acto celebrado en el Auditorio Manuel de Falla de Granada, el rey don Juan Carlos destaca a los doce premiados por «haber aportado a la sociedad lo mejor de sí mismos».

La cantante brinda en la boda de su hija,
en la finca Yerbabuena.

Según el Monarca, la distinción es «el resumen de un itinerario, de una obra, de un recorrido por el más arduo de los terrenos». El director de fotografía José Fernández Aguayo, el poeta Joan Brossa, el arquitecto Santiago Calatrava, el bibliólogo José Simón Díaz, el cineasta Víctor Erice, la Real Fundación Toledo, la revista *Ínsula*, la escritora Ana María Matute, la actriz Amparo Soler Leal, el pianista Joaquín Achúcarro, y el cantante Raimon son, junto a Rocío Jurado, los galardonados.

«Estos doce nombres», añade el Rey, «son un resumen y una pequeña quintaesencia de la creatividad de nuestra cultura. Las medallas quieren reconocer esos méritos, esa creatividad. Es de justicia, pero sobre todo es su mérito. El mérito de haber aportado a la sociedad lo mejor de sí mismos». Los premiados pueden sentirse orgullosos.

En 1996 sale a la calle el disco *Conciertos con corazón,* un recopilatorio de las mejores canciones de Rocío Jurado. Pero en el terreno personal, este año también viene cargado de acontecimientos.

El 31 de marzo, su hija Rocío le da el «sí, quiero» a su novio Antonio David Flores, en una ceremonia en la que la pequeña Rocío, que tiene sólo 18 años, aparenta estar mucho más relajada que su madre, que está tan emocionada como el día de su boda, el año anterior. Antes de entrar en la capilla de Las Vírgenes, en la finca Yerbabuena, Rociíto confiesa a los periodistas que está «nerviosilla», pero que se trata «sin duda del día más feliz» de su vida.

Rocío Jurado posa en una audiencia en el Palacio Real.

Si entre los invitados hay alguno que repite, seguro que puede tener un *déjà vu*, ya que la joven Rocío revive casi al milímetro la celebración de la boda de su madre con Ortega Cano, trece meses antes y en el mismo sitio. Vestida de organza de seda blanca, muy clásica, con lentillas azules en los ojos y con un crucifijo al cuello que perteneció a su madre y antes a su abuela, Rocío llega a la ermita en una calesa tirada por cuatro alazanes blancos y acompañada por su padre, Pedro Carrasco, que es el padrino de la boda. La madrina es Luisa Carrasco, la madre del novio.

Antes que Rocío y en otra calesa también tirada por cuatro caballos, llega vestida de fucsia su madre, acompañada por su marido. La cantante, muy emocionada, intenta contener las lágrimas ante los periodistas, pero es incapaz de articular palabra. Sólo alcanza a decir «os quiero», mientras suenan las campanas de la capilla que anuncian el enlace. Antonio David, que tiene 20 años y viste traje oscuro, es el primero en llegar a Las Vírgenes, también en una calesa tirada por cuatro caballos. El novio también reconoce a los periodistas que está muy nervioso.

Por las escasas dimensiones de la capilla, expresamente construida para la boda de Rocío Jurado y José Ortega Cano, la mayor parte de los ochocientos invitados tiene que seguir la misa desde fuera gracias a un potente equipo de sonido, que reproduce sin inconvenientes el «sí» de los novios.

El 13 de octubre del mismo año, la joven Rociíto hace abuela a la gran Rocío Jurado, dando a luz a una niña que se une al clan familiar con el mismo nombre de Rocío. El nacimiento tiene lugar en el hospital Ruber Internacional de Madrid.

Y para terminar con los acontecimientos del año, también el ex marido de Rocío, Pedro Carrasco, vuelve a casarse en septiembre y lo hace con Raquel Mosquera en la parroquia de Alosno, su pueblo natal, como manda la tradición. Tras salir del domicilio de los Carrasco, Pedro y Raquel, que tienen 53 y 27 años, respectivamente, encabezan la comitiva a pie hasta la iglesia de Nuestra Señora de Gracia, acompañados por el padrino, que es un hermano de la novia, y la madrina, que es Rocío Carrasco, la hija de Pedro.

A la boda asisten 500 invitados, aunque falta Rocío Jurado, que no puede asistir porque está de gira. Tras la misa flamenca, los novios ofrecen una copa a los vecinos del pueblo y brindan con ellos. En unos momentos que dedican a los periodistas, Pedro y Raquel aprovechan para agradecer a Alosno su «cariñosa y encantadora acogida».

El 17 de febrero de 1998, Rocío y José, que siguen felices y muy enamorados, celebran ya su tercer aniversario de boda. Lo hacen rodeados de amigos en la localidad malagueña de Estepona, aunque la noche prefieren pasarla en la finca Yerbabuena, en cuya capilla habían contraído matrimonio en 1995. José le regala a Rocío un anillo con un gran zafiro, que es la piedra que más le gusta a la cantante, rodeado de diamantes y montado en oro blanco, y que no tarda en mostrar a las cámaras.

Según las revistas, su valor podría rondar los 3.000 euros. El regalo que ella le hace a su marido no trasciende, ya que, según cuenta la revista *Diez Minutos*, la cantante prefiere esperar a la noche, en la intimidad de su finca, para dárselo. En el último cumpleaños de José, el diciembre anterior, sí se sabe que le ha obsequiado unos gemelos de oro y brillantes.

El alcalde Jesús Gil les regala una tarta en forma de corazón. Rocío, que está encantada con la sorpresa, invita a su marido a cortar el pastel a la vez que le dice: «José, hace tres años me partiste el corazón. Ahora vuelvo a pedirte que lo hagas».

A las pocas semanas, y aprovechando un viaje a Nueva York para recoger unos premios que otorgan críticos de prensa, la pareja vive una segunda luna de miel en el continente americano, acompañada esta vez por su hija Rociíto y su marido Antonio David. Madre e hija reciben sendos galardones, la primera, por su exitosa carrera profesional; la segunda, por ser la presentadora revelación del año.

La ceremonia de entrega se celebra en un hotel en pleno corazón de Manhattan. Toda la familia Jurado, incluidos Amador Mohedano y dos sobrinas de la cantante, acuden al acto. La joven Rocío viste un bonito vestido de raso, de color rosa palo, que deja que se vea la mariposa que tienen tatuada en un omóplato. Rocío Jurado, fiel a su estilo, luce un elegante traje de dos piezas en blanco y negro. Los hombres, como exige la etiqueta, de riguroso esmoquin.

Y ya que están en la ciudad de los rascacielos, la familia al completo recorre las calles de Nueva York, visitando los lugares más emblemáticos de la ciudad, como el Central Park o el Rockefeller Center, donde hasta patinan sobre hielo. Para sus desplazamientos de un lugar a otro de la Gran Manzana, las dos parejas alquilan una limusina blanca, al más puro estilo de los actores de Hollywood.

Ese mismo año, y después de estas minivacaciones, Rocío pasa la Semana Santa ensayando en Murcia, con la Orquesta Sinfónica de la región, el concierto que va a ofrecer el 16 de abril en el Teatro Real de Madrid en homenaje a Federico García Lorca.

En ese concierto la cantante interpretará la parte solista de *El amor brujo*, de Manuel de Falla, una interpretación que le vale a la cantante el reconocimiento de los aficionados a la música clásica. A Rocío le preocupa que su voz esté bien esa noche. Para ella, este concierto es un reto tanto profesional como personal porque García Lorca siempre ha significado mucho. El concierto lo abrirá la Orquesta Sinfónica de Murcia con *Danzas fantásticas*, de Joaquín Turina; las *Canciones lorquianas*, de Manuel Seco de Arpe; y las *Canciones populares españolas*, de Falla y Halffter. La segunda parte estará dedicada íntegramente a Falla con *El amor brujo*.

La fusión del flamenco con la música interpretada por una orquesta sinfónica siempre ha sido difícil y Rocío es la primera en reconocerlo porque «siempre existe el peligro de que el sentimiento flamenco quede eclipsado». Por eso se marca un intenso ritmo de ensayos con la orquesta, con la que hará lo que haga falta para dejar todos los cabos atados y el resultado sea perfecto.

La cantante, junto al escritor Mario Vargas Llosa, luce el impresionante anillo de zafiro y diamantes que le ha regalado su marido.

HOMENAJE A SU GRAN AMIGA LOLA FLORES

A punto de cumplirse tres años de la muerte de Lola Flores, el recuerdo de *La Faraona* sigue vivo. Rocío Jurado, dedicada por completo a su familia, no ha grabado ningún disco desde el fallecimiento de su inolvidable amiga, el 16 de mayo de 1995. Por ello, quiere que su nuevo trabajo, que se titula *Con mis cinco sentidos* y lo ha grabado con la Orquesta Filarmónica de Londres, sea un homenaje a la que ha sido su compañera y amiga. *Lola de España* es el tema con el que la folclórica se rinde ante una de las más grandes artistas de nuestro país. Y la grabación de este tema le hace sufrir. Según explica más adelante, durante los días de grabación, se emocionaba profundamente cada vez que empezaba a escuchar las primeras notas y los primeros acordes de la canción que interpretaba *La Faraona*.

Lola Flores y Rocío Jurado en 1991.

Lola Flores y Rocío Jurado en un programa presentado por Nieves Herrero en 1991.

Antes de nada, Rocío quiere que los Flores sepan lo que quiere hacer por lo que, en un programa en el que coincide con Lolita, le comenta su intención de hacerle un homenaje a la matriarca. «Salió llorando. Me dijo que tenía el corazón como una piedra si al cantar *Lola de España* no lloraba. Lo que no sabe es que cuando escucho el tema o lo canto acabo llorando de verdad», recuerda Rocío. (*Diez minutos*, mayo de 1998)

El pasodoble *Va por usted*, que también aparece recogido en el disco, se lo dedica a su marido. Pero no es una canción nueva, sino que la lleva cantando desde hace más de tres años, pero es ahora cuando por fin la graba.

VA POR USTED

Va por usted mi pasodoble
va por usted, torero
va por usted mi pasodoble
que es un clavel, que es un «te quiero»
que es una flor que yo te tiro
testigo de amor al redondel.

Va por usted mi pasodoble
gloria del arte, José.

Que ya se ha puesto blanca
con mil pañuelos, mira su vuelo
toda la plaza.

El vuelo de mil palomas
qué aroma se derramó.

Ortega Cano en la arena
Yo a Cartagena le digo viva.
Ortega Cano en la arena,
vaya faena, canela fina,
profunda como las minas
con luz de mar salinera.

Qué arte, vaya finura,
con qué hondura José torea.
Fíjate bien cómo se cruza
tiembla por naturales.
Fíjate bien, porque es un cuadro
que este pintor pinta con arte,
y es de cartel esa muleta
que al toro embebió y lo dominó.

Cuadra José y en las agujas
para su estoque el reloj.

Clamor de dos orejas
que los tendíos
se han encendío
contigo, Ortega...

Qué arte, vaya finura,
con qué hondura José torea.

Lola y Rocío con Lolita
en Madrid en 1988.

ROCÍO CON ALGUNOS DE SUS MEJORES AMIGOS

Rocío, junto a Carmina Ordóñez, Lolita y su médico particular.

Rocío junto al compositor Juan Pardo.

Rocío junto a José Luis Perales.

Rocío posa junto a la periodista Encarna Sánchez en Madrid.

Rocío conversa con Carlos Herrera.

Rocío posa junto al torero César Rincón en 1991.

Rocío, rodeada por la presentadora de televisión Terelu Campos y la cantante Marian Conde, en una fiesta en Madrid en 2004.

Rocío canta junto a Montserrat Caballé.

En una entrega de premios en 2001, Rocío posa junto a su amiga María Teresa Campos.

Rocío acude a la presentación del libro de su admirada Imperio Argentina.

Rocío posa junto al cantante Raphael, que ha recibido el Premio Estrella de Oro en 2003.

Rocío, en Fuengirola, con el presentador de televisión José Manuel Parada.

Jaime Mayor Oreja y su mujer junto a Rocío Jurado y José Ortega Cano en 1999 en Murcia.

Rocío actúa en un programa de televisión en México.

VOLVER A SER MADRE

A finales de año, la familia Jurado vuelve a crecer: el segundo hijo de Rocío Carrasco nace el 15 de diciembre y pesa 2 kilos 700 gramos. Se convierte en un avance de los regalos que están por venir, ya que se adelanta nueve días a la fecha prevista, que es el día de Nochebuena. Las primeras palabras de Rocío Jurado son de abuela orgullosa: «Mi nieto es un niño precioso; con mucho pelo y morenito». El pequeño se va a llamar David, como su padre, que ha vivido el parto desde muy cerca. «Aún no le hemos encontrado el parecido», explica el joven papá. «Lo que sí puedo asegurar es que es un niño muy guapo».

Siendo abuela por segunda vez, los deseos de volver a ser madre de la artista no se aplacan. En numerosas ocasiones ha confesado que siempre ha querido tener otro hijo, pero sus constantes compromisos profesionales la han llevado a postergarlo una y otra vez. Así que, ante estas dificultades, la pareja toma la decisión de adoptar un niño. La revista *Diez Minutos* lo da a conocer a principios del mes de marzo.

Rocío y José posan felices con sus hijos adoptados
y un sobrino de la pareja.

Según cuenta, la cantante y su marido han pedido al Instituto Madrileño del Menor y la Familia, que gestiona las adopciones, la documentación para formalizar la solicitud y adoptar un niño colombiano. Para evitar filtraciones, explica la revista, el matrimonio va a realizar todos los trámites a través de una persona de su total confianza, que acude en su nombre al Instituto Madrileño del Menor y la Familia, que es el organismo autorizado para gestionar las adopciones de niños españoles y extranjeros.

Queda sólo esperar que en Colombia autoricen la adopción. Sin embargo, esto, a priori, no es un impedimento ya que entre España y Colombia existe un convenio de adopciones para evitar que se produzcan largas esperas en la concesión. Así que, en unos meses, la pareja puede ver satisfecha una ilusión de la que han venido hablando incluso antes de casarse. Para Rocío Jurado será su segundo hijo. José, sin embargo, se estrena como padre. La elección de Colombia como país de origen del pequeño no es tampoco circunstancial. Desde 1993 hasta 1997, la pareja celebra en Colombia la Nochevieja porque coincide con la temporada taurina americana, en la que participa siempre el diestro.

Así las cosas, el verano se presenta algo diferente para la pareja. Rocío reduce el número de galas para tener más tiempo libre y poder estar disponible para viajar a Colombia en cuanto le comuniquen que puede recoger a su hijo adoptivo. Sin embargo, por mucha reducción que se plantee, la artista sigue teniendo una apretada agenda de conciertos.

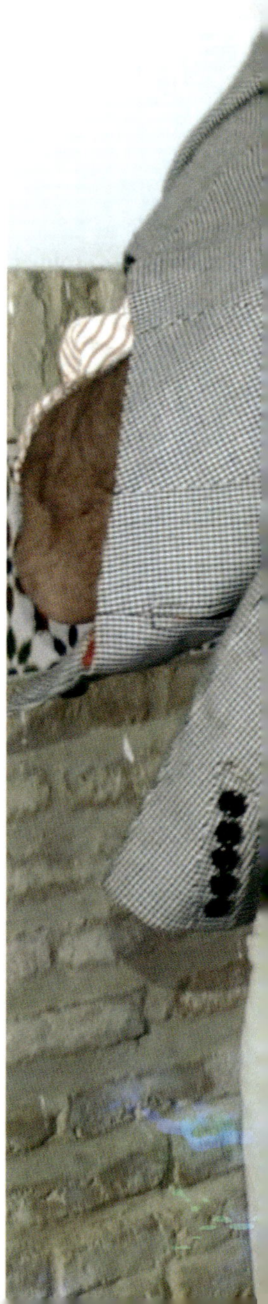

La familia posa en la romería de El Rocío en 2002.

El público la aprecia mucho y ella sabe que no puede defraudarle.

Cádiz no es una excepción. Su actuación, además, una grata sorpresa. La alcaldesa de la ciudad, Teófila Martínez, anuncia durante el recital en el Teatro José María Pemán que la capital va a dedicar una calle a la cantante. El Ayuntamiento de Cádiz homenajea así a Rocío Jurado por los veinticinco años de relación artística de la intérprete con la provincia. La cantante se confiesa emocionada ante estas palabras. También se conmueve cuando recibe una tarta con 25 velas que simbolizan este peculiar aniversario. La artista, que es una experta en estas lides, devuelve el cariño recibido como mejor sabe y se arranca con un improvisado cante flamenco: «Ya son veinticinco años de mi primer te quiero, que fue verdadero, lo sigo pregonando, y por ti me muero». Y para que no quepa duda advierte a los gaditanos: «En Cádiz cantaré siempre con mis cinco sentidos, hasta la muerte; queda mucha Rocío mientras la gente me quiera».

El concejal de fiestas del Ayuntamiento de Cádiz, Juan Antonio Guerrero, anuncia días después que el gobierno local pretende aprobar en el pleno municipal qué calle llevará el nombre de la tonadillera y cuándo será la fecha concreta del homenaje. Sin embargo, no es hasta octubre del año siguiente cuando la Comisión de Nomenclátor del Ayuntamiento de Cádiz decide que la calle que comunica el Parque Genovés con González Tablas se llame como la artista, una zona contigua al Teatro de Verano José María Pemán, en el que la cantante actúa cada año para sus fieles seguidores gaditanos.

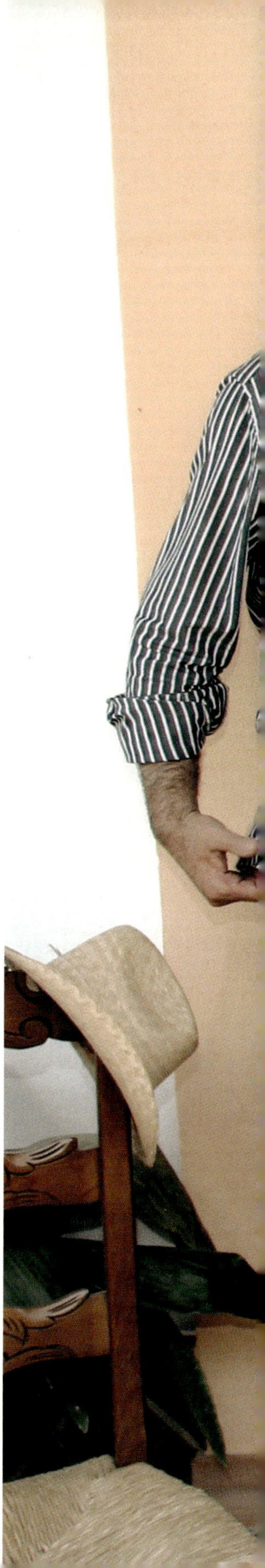

Tras la actuación de Cádiz, se desplaza a Málaga para ofrecer dos conciertos en el parque de atracciones Tívoli, en Benalmádena. Entre su incondicional público, su hija Rocío y su nieta Ro. Como todos los años, ambas pasan unos días de vacaciones en Chipiona y, esta vez, aprovechando estos conciertos, se desplazan con la cantante para animarla y disfrutar de su música. Durante la actuación, la pequeña Ro sube al escenario para cantar con su abuela que, orgullosa, no puede evitar presumir de nieta. La niña, que todavía no ha cumplido los tres años, se encuentra como pez en el agua y no se asusta por estar ante un auditorio lleno a rebosar.

En septiembre, la cantante celebra su 53 cumpleaños. A pesar de que la familia Jurado no está viviendo uno de sus mejores momentos, reúne a todos en su casa madrileña de La Moraleja. Los rumores sobre la inminente separación de Rocío y Antonio David son cada vez más constantes. De hecho, el ex guardia civil es el único que no asiste a la celebración. Tras la cena, Rocío y José salen a la puerta de la casa para brindar con la prensa con cava y jamón. La cantante, haciendo acopio de todo su buen humor, bromea con los periodistas diciendo que le encanta cumplir años, «aunque siempre cumplo quince».

El mes siguiente y durante una boda en Sevilla, Rocío Jurado explica a algunos medios de comunicación que su hija ha decidido separarse de Antonio David «y parece que es una decisión irrevocable. Yo, como siempre, respeto las decisiones de mi hija, que cuenta con todo mi apoyo».

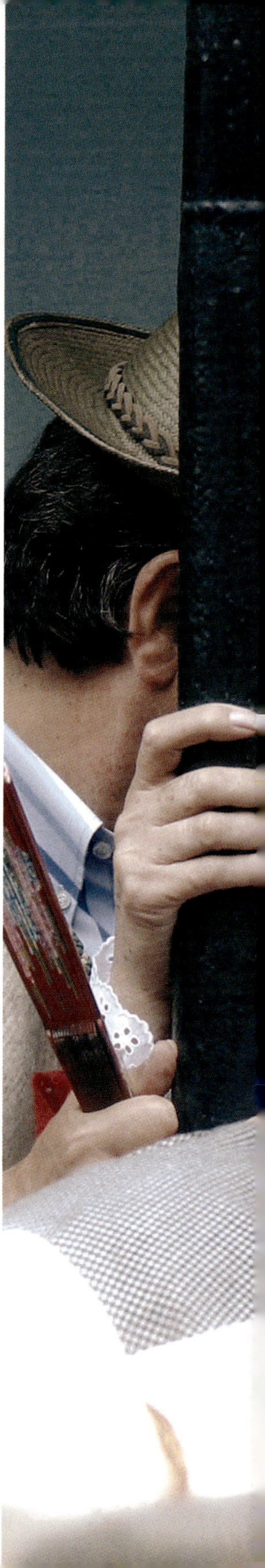

Rocío, junto a su hija Gloria Camila, en la aldea de El Rocío.

La artista confirma también que Rociíto se independiza y se va a vivir con sus hijos a una casa cercana a la suya, dentro de la misma urbanización de La Moraleja.

Afortunadamente, no todo son disgustos para la chipionera. Nueve meses después de iniciar los trámites para adoptar un niño, el mismo tiempo que dura un embarazo, la pareja ve cumplido su sueño. El 9 de noviembre viajan a Colombia para recoger a sus dos hijos adoptivos, porque al final son dos y no uno, como tenían previsto, un niño y una niña, de seis y tres años. Rocío y José, al saber que son hermanos, no han querido separarlos y han decidido traerse a los dos a España. Los futuros padres están nerviosos: «Cada vez que pensamos en ellos, se nos pone un nudo en la garganta y nos da la impresión de que el momento de tenerlos no llega nunca». Pero todo llega y los hermanos les esperan impacientes en un centro de adopción en Cali.

Pero no es la primera vez que se encuentra la nueva familia. Unos meses antes, hacen una visita al centro de acogida para una primera toma de contacto. Además, padres e hijos se han enviado en este tiempo un completo álbum de fotos, para que el momento sea más agradable para todos.

Ahora tienen que pasar en Colombia un mes para que los pequeños se adapten a sus futuros padres y lo hacen en una finca cercana a Cali que les prestan unos amigos de José. Después, un juez debe legalizar la adopción para que puedan inscribir a los niños en el consulado español. Y con los pasaportes en la mano, ya pueden emprender el camino rumbo a España.

Nacidos en Cali, los hermanos fueron bautizados como Andrés Felipe y Camila, aunque sus nuevos papás los registran en el juzgado con otros nombres. Al niño le llaman José Fernando, José por el diestro y Fernando por el padre de Rocío, y a la niña le añaden el nombre de Gloria por la hermana pequeña de Rocío.

Después de tres semanas en Cali, a finales de noviembre vuelven a España para empezar una nueva vida en común con sus dos hijos. José se estrena como papá a los 45 años y está aprendiendo sobre la marcha como hacerlo lo mejor posible. Rocío, que tiene 53, revive la experiencia de ser mamá. Hace ya veintidós que nació Rociíto, pero estas cosas no se olvidan fácilmente.

Radiantes como dos soles, presentan a los pequeños ante los medios de comunicación en su residencia de La Moraleja. José Fernando y Gloria Camila se muestran «simpáticos, cariñosos, despiertos, como si llevasen aquí toda la vida, llamando papi y mami a la tonadillera y al torero», dice la revista *Diez*

Minutos. Rocío confiesa que lloró cuando el pequeño le preguntó si de verdad eran una familia y José se sincera también diciendo que recuerda el día que los recogieron en Cali como el más importante de nuestra vida. «Llegaron los dos con un ramo cada uno y diciéndonos papás. Lo recuerdo y se me ponen los pelos de punta».

A principios del año siguiente, Rociíto, perfectamente repuesta de su ruptura con Antonio David, ya tiene, oficialmente, nuevo novio. Se llama Fidel Albiac de la Torre y tiene 26 años. Desde que se conocieron el verano anterior, la pareja no deja de verse. La relación se afianza día a día. Pero poco después, la felicidad que invade desde hace meses a la familia se ve truncada por un nuevo revés. Embelesada con sus pequeños, Rocío casi pierde a su querida hija mayor. El 12 de febrero, Rociíto, que ya tiene 22 años, sufre un accidente de coche en la sierra madrileña, cerca de Rascafría, junto a su novio.

El Mercedes en el que viajan vuelca y la joven se lleva la peor parte: traumatismo craneoencefálico, levantamiento del cuero cabelludo y fractura en una vértebra. Fidel sufre un golpe en la columna.

El accidente ocurre en un tramo de curvas. El Mercedes se sale de la carretera por el arcén derecho, supuestamente por exceso de velocidad, da una vuelta de campana y se arrastra varios metros sobre el techo, según informa la Guardia Civil de Tráfico.

Rocío, que viaja en el asiento del copiloto y lleva puesto el cinturón de seguridad, queda aprisionada entre los hierros del coche y tienen que intervenir los bomberos para rescatarla del interior del vehículo. Ante la gravedad de las lesiones, un helicóptero la traslada al hospital Doce de Octubre, de Madrid. Aunque la ingresan en la Unidad de Cuidados Intensivos, la joven se encuentra en todo momento consciente. Su diagnóstico es grave y la misma Rocío prohíbe a la dirección del hospital que facilite su parte médico a los medios de comunicación.

Fidel, que puede salir por su propio pie del coche, ha sufrido menos lesiones y, con pronóstico leve, lo trasladan al mismo hospital en ambulancia.

Diez días después, Rociíto tiene que someterse a una operación por la fractura de vértebra que sufre. Según informa una portavoz del hospital, la intervención dura más de siete horas. Finalmente, la noche del 7 de marzo puede abandonar el hospital, aunque lo hace en silla de ruedas, con un pañuelo en la cabeza y un collarín ortopédico. La acompaña su madre, que todavía no se ha recuperado del susto. También están con ella su novio y Ortega Cano. Todos juntos, vuelven por fin a casa.

La familia posa en la Primera Comunión de la pequeña Gloria Camila, hija de Rocío Jurado y José Ortega Cano.

La recuperación de Rociíto es muy lenta. La cantante de Chipiona está muy preocupada por ella. La angustia se apodera de ella con sólo pensar que la ha podido perder. Así que no se separa de ella ni un momento y le dedica todo tipo de cuidados.

Al torero le toca entonces dedicarse por completo a los hijos, por lo que, pasados los momentos más críticos, el matrimonio piensa que ha llegado la hora de pasar unos días junto a los dos pequeños. La cantante y el diestro regalan a José Fernando y Gloria Camila unas vacaciones en Miami y Nueva York. Lejos de España, el matrimonio olvida las tensiones de los últimos meses y disfruta de la compañía de sus pequeños, que la necesitaban.

En la capital de Florida, hace años que Rocío tiene un apartamento, con unas maravillosas vistas al mar, para poder hacer escala durante sus interminables giras por el continente americano. La familia aprovecha para quedarse en este «cuartel general», donde pasan unos días inolvidables. Y del calor de Miami, los cuatro se trasladan a Nueva York, donde, además de hacer turismo, tanto la artista como el torero reciben sendos premios: ella, el de La voz del Milenio; él, por su trayectoria profesional.

El verano está plagado, un año más, de galas de la cantante. Pero esta temporada tiene una novedad y es que la cantante estrena en el Foro Iberoamericano de La Rábida de Huelva, junto a Manolo Sanlúcar y Antonio Canales, el espectáculo *Tres con duende,* una antología del flamenco.

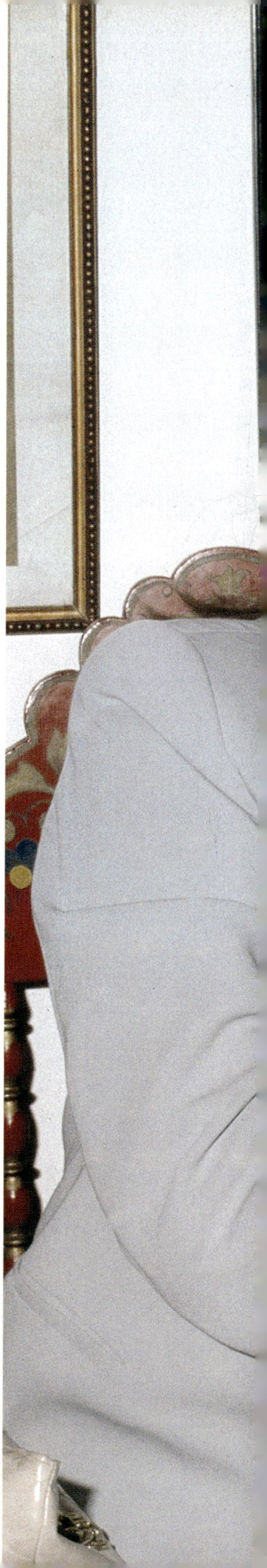

Rocío ha hecho muy buenas migas con su suegra, doña Juana Cano.

GRAN CORRIDA DE INAUGURACION
Marcial Lalanda
CORRIDA EXTRAORDINARIA
BENEFICENCIA

En La Rábida no se recuerda un espectáculo al que haya acudido tanta gente desde que fue inaugurado en 1991. Minutos antes del inicio, hay hasta cinco kilómetros de retenciones en la carretera que lleva a La Rábida. Lleno total para lo que, sin embargo, es sólo un adelanto, ya que el montaje no estará ultimado hasta el año siguiente.

Es un espectáculo dinámico y moderno que, sin embargo, no olvida la raíz pura del flamenco gitano, payo y la fusión. Manolo Sanlúcar, antes del inicio, comenta la obra con la prensa: «El proyecto no está pensado como obra teatral. Cada uno hace una exposición de lo que es su arte en particular, y al final se interpreta un tema con los tres juntos». Guitarra, baile y cante: Sanlúcar, Canales y Rocío. Tres grandes artistas a lo largo de cuatro horas de actuación en las que caben todos los estilos del flamenco.
(*El País*, 21-08-2000)

Y el verano acaba, pero los compromisos profesionales de la cantante no, por lo que, en septiembre y aunque le cueste estar lejos de su familia, tiene que emprender una gira de veinte días por Latinoamérica. Llega primero a Buenos Aires, un día después de haber cumplido 54 años. En la revista *Diez Minutos* hace balance de los últimos doce meses y llega a la conclusión de que ha sido un año duro: la separación y el accidente de su hija Rociíto la han tenido muy preocupada y ahora su suegra, doña Juana, a la que quiere con locura, también está hospitalizada por una afección cardiaca.

Al otro lado de la balanza, la alegría incomparable que le han proporcionado sus dos hijos adoptados y el poder compartir toda esta felicidad con su marido.

En la entrevista, reconoce: «He logrado más de lo que esperaba. Soy una mujer muy luchadora, aunque hay momentos que para salir adelante hay que sacar fuerzas de cualquier sitio, pero no porque seas fuerte, sino porque no hay otro remedio». Si la familia es lo más importante en la vida de Rocío, el cante está justo por detrás, y si por uno de los dos lados decae, busca ayuda y refugio en el otro. Así, la fuerza que necesita le viene muchas veces a través de su otra pasión que es la música.

Por eso no lo deja y por eso no defrauda nunca a los que la quieren, aprendiendo de todas las experiencias por las que la vida le hace pasar. A los escenarios sigue subiendo ilusionada como el primer día, porque «el día que pierda la ilusión dejaré de salir». Pero reconoce que entre los defectos que acepta está que es una maniática: «Al escenario entro siempre con el pie derecho y antes me persigno siete u ocho veces».

De Argentina se va a Miami, donde graba un disco recopilatorio con sus doce mayores éxitos y donde también se reúne con su marido. Dos incidentes han alterado la feliz vida conyugal de la pareja: el ex marido de Rociíto, Antonio David Flores, le ha puesto una demanda a Rocío Jurado por unas declaraciones que ha hecho la cantante. Además, a Ortega Cano le han endosado una supuesta hija. Pero el matrimonio está dispuesto a superar cuantos obstáculos se pongan en su camino y, más unido que nunca, decide regalarse un viaje a México, como una nueva luna de miel, en la que, olvi-

dándose de todo, la pareja pueda disfrutar de su mutua compañía. Según cuenta la revista *Diez Minutos*, Rocío y José viajan a la localidad de Aguascalientes, una ciudad que les trae muchos recuerdos, ya que allí fue donde empezó su relación hace ahora ocho años. Su visita coincide con la celebración del 425 aniversario de la ciudad, en cuyas actividades la pareja participa encantada. Nada más deshacer las maletas, una capea con Jesulín de Ubrique y Dámaso González les espera en una finca cercana. Les sirve a los tres de entrenamiento, ya que, al día siguiente, participan en una corrida benéfica para recaudar fondos para los niños sin hogar. Así pasan unos días inolvidables en los que la cantante, haciendo lo propio, también tienen tiempo de ofrecer una gala y de firmar un contrato con la compañía discográfica Azteca Records.

ADIÓS A PEDRO CARRASCO

Meses después, otro revés sacude la vida de Rocío. El 27 de enero de 2001 fallece su ex marido Pedro Carrasco a los 57 años de edad. Un infarto que le sorprende por la mañana en su casa de Madrid. Su mujer, Raquel Mosquera, es la que descubre a mediodía el cuerpo sin vida del ex boxeador. Según se sabe después, acude alarmada porque lleva todo el día llamándole por teléfono desde el trabajo y él no contesta. La joven Raquel, en cuanto ve lo sucedido, llama de inmediato al teléfono de emergencias para pedir asistencia médica. Pero cuando llegan los facultativos del 061, éstos sólo pueden confirmar el fallecimiento. El entierro tiene lugar al día siguiente en el cementerio madrileño de Carabanchel, adonde cientos de personas acuden para darle su último adiós, a pesar del frío y el viento, entre aplausos y gritos de «campeón, campeón».

La viuda tiene que abandonar precipitadamente el lugar tras sufrir una crisis nerviosa. Rocío Carrasco, única hija del ex boxeador, está con su novio y con su madre, a quien también acompaña su esposo. La cantante de Chipiona y su hija, visiblemente afectadas, permanecen junto a las coronas de flores, ya que una nube de fotógrafos les impide de acercarse a la tumba. Rocío Jurado arranca una rosa roja de una corona y se despide de su ex marido depositándola en el féretro.

Un mes después, Rocío Jurado sigue refugiada en el trabajo para superar los difíciles momentos que está viviendo tras esta repentina muerte. Pese a que el matrimonio no funcionó, siempre han mantenido una cordial relación de amistad, en parte por el bien de su hija, Rociíto, y en parte también por el profundo cariño que se tenían el uno al otro. Rocío piensa que la mejor manera de superarlo es teniendo la mente ocupada, así que se va a México para promocionar su último disco, *La más grande*, grabado con la Orquesta Sinfónica de Bratislava. Aunque procura mostrar entereza, tiene los sentimientos a flor de piel y se emociona con facilidad, recoge la revista *Diez Minutos*.

Y siguiendo en la misma línea de constante trabajo, este año también supone el reencuentro de la cantante con el Teatro Real de Madrid, donde ya actuó en 1986 y 1998. En esta ocasión interpreta versiones de Joaquín Turina, Manuel de Falla, Granados y Rodrigo en un espectáculo que tiene por título *De las raíces al alma, Rocío más clásica que nunca*.

UNA PLAZA EN CÁDIZ

Afortunadamente, por fin el verano le trae momentos agradables. A finales de agosto, la ciudad de Cádiz bautiza finalmente una de sus plazas con el nombre de la artista. Según la revista *Hola*, la cantante agradece el homenaje diciendo: «La bahía de Cádiz es lo más grande del mundo». Y acompañada por su marido, la chipionera inaugura la plaza Rocío Jurado, que se encuentra junto al Teatro José María Pemán, donde Rocío actúa todos los veranos.

En un acto muy emotivo presidido por la alcaldesa de Cádiz, Teófila Martínez, y el presidente de la Diputación Provincial de Cádiz, Rafael Román, Rocío asegura que «no tendría vida suficiente» para mostrar su agradecimiento a la ciudad. «Lo más importante son los sentimientos y Cádiz me ha hecho el galardón más grande que me podría haber dado en mi vida», afirma la artista.

Rocío, al término de una actuación, sube a su nieta Ro al escenario.

Como no podía ser menos, la cita concluye con una pequeña actuación improvisada de la cantante, que aprovecha para interpretar una canción cuya letra está dedicada a su provincia natal. Horas más tarde, vuelve a atravesar la plaza que lleva su nombre para ofrecer, ahora sí, un recital completo en el Teatro José María Pemán. Copla, flamenco, salsa y hasta jazz, para deleitar a todos los asistentes, entre los que se encuentran sus hijos pequeños, Gloria Camila y José Fernando, y sus nietos, Rocío y David.

En el mes de noviembre, una revista publica que Rocío Jurado pretende retirarse de los escenarios. La cantante no tarda un segundo en desmentir tal afirmación y, a través del programa de María Teresa Campos, niega rotundamente que la gran gira que va a iniciar en el Teatro Real de Madrid sea la última de su carrera profesional. La artista asegura, en una conexión telefónica con el programa de su amiga, que el día que decida retirarse lo hará dejando siempre una puerta abierta y dedicando gran parte de sus esfuerzos a los más necesitados.

Sin embargo, sus planes no pueden llevarse a cabo como ella pensaba y la gira, que está previsto que dure más de medio año y que recorra los principales escenarios españoles y americanos, tiene que cancelarse. Pero no es por decisión propia, sino por motivos de salud, ya que una bronquitis y unas alergias prolongadas mantienen a la cantante siete meses alejada de los escenarios. Según cuenta más adelante en una entrevista a *Diez Minutos*, pasa noches sin apenas dormir «en las que he llorado mucho y en las que hasta he llegado a pensar que no podría volver a cantar». La situación por la que atraviesa la cantante es ciertamente delicada ya que admite que «quería emitir una nota y no me salía, ni siquiera de esas templaditas que yo doy con la gorra. Cuando intentaba abrir la voz me venían ataques de tos tremendos». Más adelante se sabe que ella misma intenta curarse con vacunas nuevas y distintas medicinas.

Años después, el cronista y amigo de la artista Hilario López Millán, cuenta en el diario *El Mundo* que las enfermedades de la artista, que «han sido más conocidas que el BOE», vienen de mucho tiempo atrás. Cuando llega a Madrid siendo una jovencita empieza a tener problemas con la alergia. Parece ser que era por el maquillaje que utilizaba, que le machacaba la piel, y llegaba a tener hinchazones no sólo en la cara, sino también en las manos y en las piernas. Finalmente, los médicos le dijeron que era alergia a los ácaros del polvo, por lo que no se dejaba ni una mota en la habitación ni en el camerino.

Además, por aquel entonces, mamá Rosario también le cocinaba platos especiales para que la grasa no le afectara demasiado al hígado.

Pero la más grande no se rinde y su hilo de voz vuelve a escucharse como un torrente en junio de 2002, en el Casino de Torrelodones, en Madrid, donde una sala que ha tenido que colgar el cartel de completo espera impaciente para comprobar en primera persona que todavía quedar Jurado para rato.

La cantante chipionera se hace acompañar durante su esperada reaparición por su familia: su marido y su hija Rocío, que acude con su novio Fidel. Aunque entre el público también se encuentran amigos como María Teresa Campos, su hija Terelu, junto a su marido, Alejandro, María Rosa, la hermana pequeña de Ortega Cano y la diseñadora Marilí Coll, que acuden entusiasmados para poder darle todo su apoyo.

Habla Rocío Jurado en la revista *Diez Minutos* de ese «catarro crónico mío, a consecuencia de una alergia», que le dejó «una tos horrorosa». Y el asunto ha sido grave porque, como dice la cantante, «lo que no me ha ocurrido cantando me lo ha producido la tos: dos nódulos frontales y, por consiguiente, tener que hacer una cura de silencio para luego volver, poco a poco, a emitir sonidos para que la voz se fuera recuperando».

Pero como una gran artista que es, no defrauda y del escenario no hay quien la eche hasta bien entrada la madrugada. Una voz inigualable para demostrar que, aunque lo haya pasado mal durante unos meses, ahora está completamente recuperada. Esta actuación es la prueba de que todavía tienen que pasar muchas cosas antes de que la cantante se retire. Y ya puede haber vuelto con fuerza, porque esto es sólo el principio. Es sólo la primera de las 52 galas que tiene contratadas por toda la geografía española para el verano.

ENAMORADA
«HASTA LAS TRANCAS»

La historia de amor entre el torero y la tonadillera sigue tan viva como el primer día. Ya son siete los años que llevan casados y siguen tan enamorados y felices como cuando eran novios. Así lo asegura Rocío en el programa *Con T de tarde*, de Terelu Campos. «Yo me enamoré desde el primer instante hasta las trancas», confiesa Rocío. En una entrevista en la que recuerda momentos buenos y malos por los que ha pasado la pareja, reconoce que, al principio, el mundo del toro la paró un poco. «Le tenía miedo desde el sentimiento. Hay que hacer un esfuerzo tremendo y saber lo que significa. Mentalizarme para eso fue muy fuerte».

También recuerda la cogida del diestro días antes de la boda, en la feria de Colombia. «Estábamos en el apartamento Juana, la madre de José, mi hija Rocío y yo cuando Juana cogió el teléfono y le dijeron que él había sufrido un *puntazo*». Y Juana, mientras soltaba el teléfono, dijo: «Siempre dicen que es un puntazo, aunque no lo sea». Efectivamente, la cogida fue grave, incluso se llegó a temer por la vida del diestro. Pero él se recuperó, y un mes después la pareja se daba el sí quiero en la finca Yerbabuena.

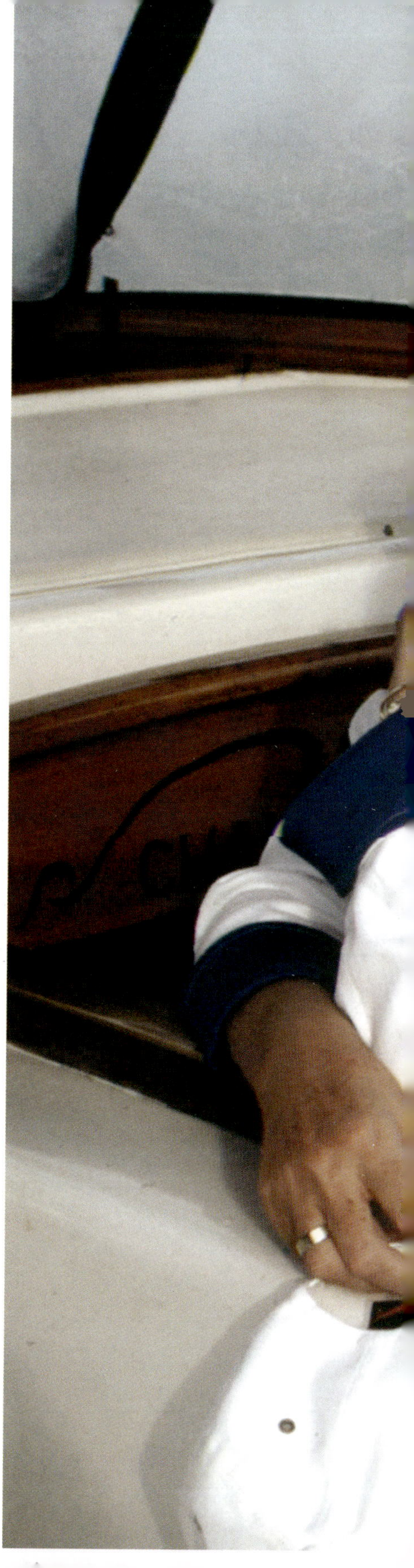

Rocío y José posan felices
en un barco en Miami.

Meses después de esta entrevista, el mismo programa de Terelu, en reconocimiento a la pareja, le hace entrega del premio *Con T de Ternura* en una magnífica fiesta en la sala Gabana, de Madrid.

El año 2003 comienza también con alegrías. Rocío Jurado es elegida pregonera del carnaval de Chipiona. La cantante, muy emocionada, explica que ya fue la primera mujer que dio el pregón de Cádiz, y que ahora, además, lo va a ser en su pueblo, lo cual la honra mucho más.

Además, su pequeño José Fernando, ataviado con el tradicional traje de marinero, recibe su Primera Comunión el 10 de mayo en la madrileña iglesia de Los Dominicos, acompañado de sus padres, su hermana Gloria Camila y otros familiares. Desde primera hora de la mañana el domicilio de la cantante y el torero es un hervidero de gente que está pendiente del pequeño. Rocío Carrasco, su novio Fidel y los dos hijos de la presentadora, Ro y David, también están con ellos. Y es que los pequeños de la casa, a pesar de ser «oficialmente» tíos y sobrinos, se llevan de maravilla entre ellos. De hecho, las dos niñas, Ro y Gloria Camila, que se llevan pocos meses, van vestidas con trajes muy parecidos, aunque de distinto color.

USA

A la celebración acuden también Amador, hermano de la cantante, su mujer, Rosa, y su hija, Rosario, y la madre del torero, doña Juana, que le regala al niño un reloj y una cruz.

Este año también aparece un nuevo trabajo de la cantante, *Yerbabuena y nopal,* el último que ha editado hasta el día de hoy con nuevos temas. Además, es junto a Juan Habichuela, Chano Lobato y Estrella Morente una de las estrellas que desfilarán por la 43ª edición del Festival Internacional de Cante de las Minas, que se celebrará del 6 al 16 de agosto en la localidad murciana de La Unión. El festival llevará a la localidad murciana once días de «flamenco total», por lo que se supone que Rocío aprovechará la ocasión para volver a los estilos jondos con los que empezó su carrera.

A finales de noviembre de 2003, Ortega Cano toma la decisión de retirarse de los ruedos con una corrida benéfica a favor de la Asociación Alzehimer España, en la plaza de Vistalegre, de Madrid. Para la despedida lidia seis toros. Al tercero, que es de su propia ganadería, le corta una oreja. Cuando termina la corrida, sale a hombros de la plaza, una plaza en la que había debutado como novillero hacía treinta años.

PREOCUPACIÓN POR «LA MÁS GRANDE»

Y si el estado de salud de Rocío ha sido siempre un tema recurrente en la vida de la artista, en agosto de 2004 se convierte en motivo de seria preocupación. Según reconoce ella misma con posterioridad, la operan de un cáncer de páncreas en el Hospital Montepríncipe de Madrid. Entonces afirma que ingresa en el centro porque tiene unas molestias abdominales, algo que ya le ha pasado otras veces y que se le pasa normalmente en seguida. En declaraciones a la agencia Efe, la propia Rocío explica que los dolores no la dejan cantar, «y ya se sabe que el esfuerzo para cantar nace también en el estómago. Ahora le pido a Dios que pase esto pronto y que pase del todo». La cantante tiene que suspender sus galas de verano, entre las que están las actuaciones en las fiestas Colombinas de Huelva, en La Línea de la Concepción, en Cádiz o en Benalmádena, Málaga.

La operación dura varias horas pero, según la familia, es un éxito y se muestran tranquilos. A los dos días, el hospital publica un comunicado en el que afirma que la cantante se recupera favorablemente. Oficialmente, recoge la revista *Diez Minutos*, a Rocío le han extirpado la vesícula y le han eliminado una obstrucción en las vías biliares. Sin embargo, ya entonces se baraja la posibilidad de que la cantante pueda padecer algo más serio, ya que, al parecer, la operación ha sido en realidad de mayor envergadura. La familia no confirma nada.

Durante el ingreso, Ortega Cano no se separa de su mujer ni siquiera para ir a dormir a su casa o para comer. Sólo sale de la habitación para ir a la capilla del centro médico y rezar por el restablecimiento de Rocío. Según declaran familiares y amigos, tiene decidido que no dejará el hospital hasta que lo haga junto a su esposa.

Tres semanas después de su ingreso, y ante un numeroso grupo de informadores, admiradores y curiosos, Rocío abandona el hospital acompañada por su marido, su hija y su hermano Amador, que apenas se han separado de ella durante los veintiún días que ha permanecido ingresada. La cantante está bastante más delgada y algo pálida, pero sale por su propio pie del centro, entre aplausos y gritos de «guapa, guapa». Vestida con un conjunto de color coral y con un gran ramo de rosas en la mano, oculta sus ojos con unas gafas de sol. Como todos están esperando escuchar la voz de la artista, ella, haciendo un esfuerzo, acierta a pronunciar palabras de agradecimiento a todos los que están tan preocupados por su salud. «Estoy mejor. Os quiero mucho a todos. Gracias a todo el mundo», dice la tonadillera, a la vez que reparte besos con la mano que le queda libre.

El 17 de septiembre, los peores presagios se confirman. Rocío Jurado convoca una conferencia de prensa en su madrileña casa de La Moraleja para reconocer que tiene cáncer y que va a seguir un tratamiento en un centro hospitalario de Houston, en Estados Unidos. La cantante asegura que los médicos le han dicho que tiene «una recuperación fantástica» y que pronto volverá a trabajar. Rocío explica que desde el primer momento le dijeron que tenía un tumor en el páncreas, «un sitio peligroso, ya que hace aumentar el nivel de bilirrubina en la sangre». Su marido, que la acompaña en su comparecencia, va a viajar también con ella a Houston. Además, en esta ciudad está estudiando su hijo pequeño José Fernando, por lo que van a aprovechar para verle y pasar con él una temporada. La cantante termina diciendo que se apoya en la fe y en saber que hay mucha gente rezando por ella.

Un mes después, Ortega Cano se muestra muy contento, ya que el oncólogo que trata a su esposa, el doctor Thomas Brown, les ha dicho que «Rocío está reaccionando muy bien al tratamiento que le han puesto». Pese a estas buenas noticias, la estancia de la pareja en Houston se tiene que prolongar más de las cinco o seis semanas que habían previsto inicialmente. Según recoge la revista *Diez Minutos*, durante las primeras semanas en Houston, Rocío ocupa una habitación en el centro médico, pero, según las palabras de su marido, «como aún tendremos que estar al menos un mes más aquí, nos hemos mudado a un hotel cercano a la clínica».

Rocío besa a su hija Rociíto el día que confirma ante los medios de comunicación que está enferma de cáncer.

Rocío saluda a la salida del Hospital Montepríncipe, en Madrid, después de ser operada.

Su vuelta a España en el mes de noviembre coincide con la aparición de un nuevo trabajo que añadir a su ya de por sí nutrida discografía. Esta vez, su antología más completa, *Señora*, con 36 canciones y 16 vídeos con sus mejores actuaciones, una labor conjunta de las tres discográficas con las que ha trabajado a lo largo de su prolífica carrera, EMI, Sony y RCA, que sus admiradores reciben con alegría.

PASITO A PASITO

Pero su salud está debilitada. Durante el mes de diciembre no sale para nada de su domicilio en Madrid. Allí, como ella misma cuenta más adelante, pasa las fiestas navideñas, tranquila y entre la familia y los amigos. Su primera salida la hace para cumplir una promesa: visitar a la Virgen de Regla, la patrona de su pueblo. Después se queda en la finca Yerbabuena, de Sevilla, desde donde concede una entrevista al programa de su gran amiga María Teresa Campos. Vestida de verde, con un echarpe naranja, y más delgada, habla sin tapujos del cáncer que sufre. Muy entera, admite que sabe que es «una enfermedad difícil y una recuperación difícil, pero voy hacia delante, que no es poco. Pasito a pasito, como dicen mis médicos y con paciencia. Algunos días me da un bajón gordísimo, pero tengo mucha fe y ganas de luchar, y recibo el aliento que me dais mi familia, mis amigos y todos».

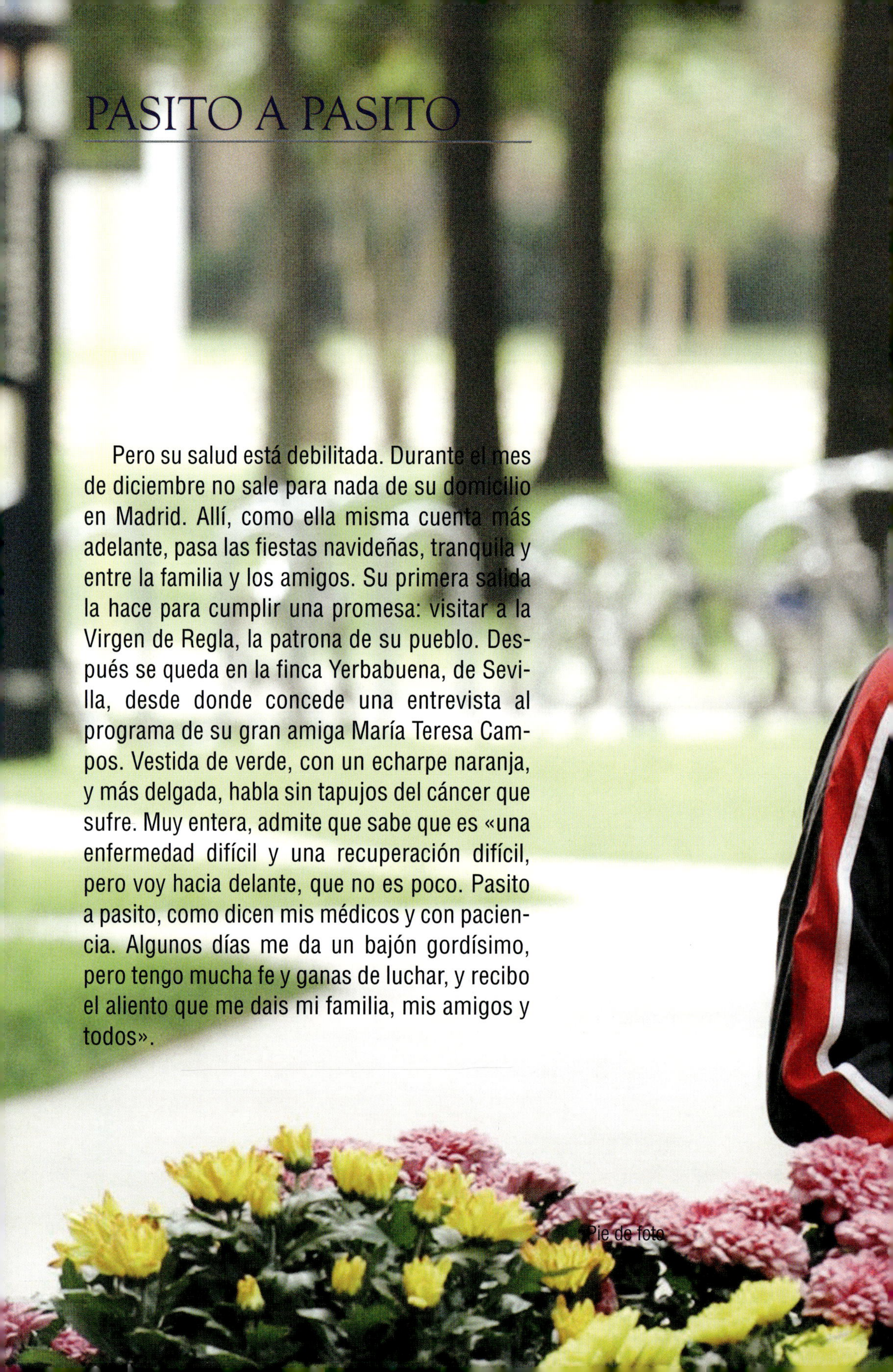

Pie de foto

TEXANS
FOOTBALL

Rocío recuerda también el momento en el que le comunicaron su enfermedad: «Vi mi vida como si fuera una película. Parece mentira lo nítido que se ve todo. Me he visto como una mujer que ha luchado mucho, pero ha valido la pena porque me he encontrado con buenas personas que me han ayudado. Me acordé de mi madre, que también sufrió mi enfermedad y se fue por ella. ¡Tenía tantas esperanzas, proyectos y cosas por hacer! Pero, ante una cosa así, todo deja de tener importancia y sólo quieres disfrutar de los momentos, junto a tu familia y tu gente».

Tras recordar su infancia, «muy feliz, con unos padres maravillosos», rememora momentos en los que ha estado a punto de abandonarlo todo: «He dicho que lo dejaba varias veces en mi vida, pero con la boca chica porque, como tengo ese natural de luchadora, siempre seguía, aunque me costó mucho trabajo». Asegura que no recuerda un año de triunfo definitivo, sino que su carrera se ha formado poco a poco: «Me di cuenta de que había triunfado cuando dejé de mirar por un agujerito, a través del telón, para ver si el teatro estaba lleno. Un día lo vi lleno y ya no miré más».

También habla de un nuevo disco: «Manuel Alejandro está componiendo temas y, si Dios quiere y me vengo arriba...

Rocío acude, junto a su marido,
a rezarle a la Virgen de Regla en enero de 2005.

Bueno, él hace obras de arte y ya me ha enseñado cuatro canciones preciosas. Pero todavía no he empezado a pensar en mi vuelta. Tengo que seguir haciendo rehabilitación y comenzar con ejercicios de voz, porque estoy un poquito baja. Una fisioterapeuta me está ayudando a recuperarme físicamente, ya que he perdido musculatura».

El verano pasa tranquilo. La cantante se retira a la finca Yerbabuena con sus hijos y su marido a pasar unas vacaciones en familia. Aprovecha unos días de descanso para recuperarse del cáncer, aunque, según dice Ortega Cano, ya se encuentra «perfectamente». Y en septiembre, como cada año, está dispuesta a no perderse la cita que tiene con la procesión de la Virgen de Regla. Acude rodeada de los suyos: su marido, su hija Gloria Camila, sus hermanos y su cuñada.

Rocío y José saludan a la salida del Hospital Montepríncipe,
en Madrid, después de una revisión.

ROCÍO... ¡SIEMPRE!

Procesión de la Virgen de Regla, en Chipiona.

La recuperación es cada vez más favorable y a finales de año, Rocío Jurado vuelve a los escenarios después de quince largos meses en los que su salud ha tenido en vilo a todo el mundo. En esta esperada vuelta la acompaña su familia al completo. Y es precisamente el novio de su hija, Fidel Albiac, el que se encarga de organizar una gala acorde con la grandeza de la cantante. La gala, un claro homenaje a la chipionera, lleva el nombre de *Rocío... ¡siempre!* Grabada en los estudios Buñuel de Madrid y presentada por Bertín Osborne, se emite en Televisión Española durante las Navidades.

Esta cita tan importante no se la pierde ningún miembro de su familia: su marido, sus hijos, sus nietos, sus hermanos y su suegra arropan a la tonadillera. Pero en el escenario tampoco está sola: cantantes como Raphael, Lolita o David Bisbal también quieren acompañarla en esta reaparición.

Para Raphael esta oportunidad de poder cantar junto a Rocío es muy emotiva. Él mismo ha pasado por la enfermedad que ahora padece su amiga y entonces recibió todo el apoyo de la chipionera. Para él, ésta es una forma de demostrarle su más sincero agradecimiento.

Si la grabación supone la vuelta de Rocío Jurado a los escenarios, la emisión, el 20 de diciembre, supone el reencuentro con su público. Es un programa especial, de casi tres horas de duración, en el horario de máxima audiencia de Televisión Española, con el que la cadena pública quiere homenajear a la artista. Días antes, en la presentación del espectáculo ante la prensa, la cantante revela cómo ha vivido su regreso: «Se me cerraba la garganta cuando empezamos a grabar la primera canción», reconoce.

Rocío y José, en el balcón de su casa de Chipiona, viendo la procesión.

Durante el programa, la chipionera se emociona en varias ocasiones y en un momento dado se sincera con su público y habla de su enfermedad: «Me siento bien, con mucha esperanza. Me apoyo en mi familia, mis amigos y Dios, porque mi fe es como un bastón para salir adelante... Esto lo tendré para toda la vida, pero estoy contenta, a pesar de todo, porque pensaba que no iba a salir de ésta», confiesa ante su público.

De este homenaje sale un disco con el mismo nombre que contiene un DVD con 23 vídeos y un CD con 15 canciones. En el álbum interpreta en directo sus temas de siempre, además de los duetos que canta junto a amigos como David Bisbal, Chayanne, Raphael, Mónica Naranjo, Paulina Rubio, Falete, Malú, Lolita y Rosario Mohedano.

Desgraciadamente, el disco se queda sin presentación oficial. La cantante se ve obligada a cancelarla para volver a ingresar en el hospital de Houston donde le tratan el cáncer desde hace un año y medio. Un día después, el 24 de enero de 2006, tiene que ser intervenida nuevamente. Según ha declarado, en la clínica Anderson se siente «más segura y más tranquila». Y es que esta clínica, fundada en 1941, es uno de los centros de mayor prestigio en el mundo dedicados de forma exclusiva al tratamiento y a la investigación sobre el cáncer.

Toda la prensa recoge al día siguiente la noticia, aunque revelan que la paciente se encuentra bien. Según el diario *El País*, Rocío y su marido viajan a Estados Unidos por unos dolores agudos que padece desde hace días la chipionera.

Ni la familia ni el centro médico dan cuenta exacta del motivo por el que operan a la artista. Aunque en un primer momento la familia intenta restar importancia al asunto, más adelante se sabe que la operación no es una simple prueba ni está programada.

Apenas dos días después del ingreso, Rocío, junto a su marido, su cuñada, Rosa Benito, y su amiga Lourdes, aparece ante los reporteros que se encuentran desde el primer día en los alrededores de la clínica. Tranquila y relajada, explica que va a pasar un día en la finca de un amigo ganadero. Ese día, según el diario *Abc*, la cantante se muestra muy animada, y cuentan que hasta baila unas sevillanas y come la paella que ha preparado su cuñada.

Sin embargo, un día más tarde, Rocío vuelve a ser hospitalizada en Houston, según informa la revista *Hola*. La decisión, al parecer, la toma la propia cantante porque le resulta más cómodo seguir en el hospital mientras los médicos continúan realizándole pruebas. Su marido le presta un apoyo incondicional, como ha venido haciéndolo durante todo el proceso. No se aparta de su lado en ningún momento. Su hija Rocío y su cuñada Rosa también están con ella.

Rocío y José junto a Rociíto
y los pequeños David y Rocío.

GRAN DESPLIEGUE MEDIÁTICO

Los medios del corazón se hacen eco de la situación y en todos los programas, los tertulianos debaten sobre la salud de la cantante. El hospital proporciona pocos datos y la familia no hace público ningún comunicado. Sin embargo, los hermanos de la artista, Amador y Gloria Mohedano, viajan el 7 de febrero a Houston, lo que pone en alerta a todos los periodistas, que empiezan a pensar en lo peor. En la escala que hace el avión en Miami, Amador asegura a *Abc* que Rocío «está mejor» y que ha superado la crisis. Según fuentes muy cercanas pero no confirmadas por otros medios, Rocío Jurado está ingresada en la Unidad de Cuidados Intensivos porque ha sufrido una infección, provocada al parecer por una bacteria, después de la operación realizada días antes en la que le corrigieron una vena de la zona del abdomen.

Ortega Cano junto al doctor Urrutia, Gloria y Rosa (hermana y cuñada de Rocío) en la entrada de la clínica de Houston.

Lógicamente, las fuerzas y las defensas de la chipionera son escasas tras haber adelgazado más de quince kilos y tras haberse sometido al tratamiento de quimioterapia. En su estado de debilidad, puede resultar muy perjudicial una simple infección como la que ha padecido.

El día 8, los periódicos ya explican que se trata de una reacción alérgica a la medicación de quimioterapia que recibe. Según fuentes cercanas al hospital que reproduce *El País*, la cantante se encuentra en una unidad especial para detectar el medicamento causante de la alergia, posiblemente un antibiótico. Los médicos indican que esta crisis es algo que puede ocurrir en un tratamiento de quimioterapia, sin que tenga que afectar necesariamente a la evolución del páncreas. La evolución es buena y Rocío responde bien al tratamiento.

En los días que siguen, un gran despliegue mediático se organiza en torno al centro médico MD Anderson para seguir atentamente las novedades sobre la salud de la cantante. Cámaras y reporteros de las principales cadenas de televisión españolas hacen guardia en la clínica. Cámaras, fotógrafos y corresponsales esperan que, tarde o temprano, su espera se vea recompensada con algún detalle nuevo sobre la evolución del estado de salud de la cantante de Chipiona. Pero los esfuerzos no dan el resultado esperado y tienen que conformarse con un escueto comunicado que distribuye la oficina de prensa del hospital a petición de la familia. En él se dice que Rocío agradece el interés que el público y la prensa muestran por su salud y que, como la cantante responde bien al tratamiento, es posible que se le dé el alta pronto.

Fuentes cercanas a la cantante que recoge el diario *Abc* el día 15 de febrero, hablan de esperanza, de cierto optimismo, pero siempre con mucha prudencia, ya que Rocío, a pesar de los pequeños progresos, sigue grave. De hecho, sigue en la UCI por si se produce alguna complicación imprevista.

Días después, la pareja celebra en Houston su undécimo aniversario de casados. Desgraciadamente, la fecha les coge todavía en el hospital, donde la cantante lleva ingresada casi un mes. El mismo día es, además, el décimo cumpleaños de Gloria Camila, su hija pequeña, que lo celebra sin sus padres en Madrid.

Este mismo día, las nueve personas que acompañan a Rocío en Estados Unidos emiten por primera vez un comunicado conjunto para hablar de su situación: «Lo más importante es que Rocío sigue evolucionando favorablemente. Cuando exista alguna noticia relevante, se volverá a emitir un comunicado médico». Sin embargo, y para acallar rumores, aclaran también que hasta el momento no han concedido ninguna entrevista a ningún medio de comunicación o agencia y que no esperan recibir «un beneficio económico directo o indirecto basado en la actual situación». Mucho se ha especulado sobre este punto y a la familia le afecta que haya gente que pueda pensar que van a mercadear con la salud de su querida Rocío.

Un par de días después, Ortega Cano atiende por teléfono al programa *Los toros* de la Cadena SER, que dirige Manuel Molés. Explica que Rocío está bastante animada. «Ha perdido peso, porque ha estado quince días con una serie de cosas que se le complicaron, y está bastante flojita, así que aquí estamos todos, animándola para ver si tira para adelante». Reconoce que, aunque esté empezando la temporada taurina, como le recuerda Molés, «esto está por encima de los toros y de todo en este momento. Tengo que estar con ella y, la verdad, no me acuerdo ni de los toros, ni del campo, ni de nada». Con respecto a los planes para el futuro, el diestro confiesa que «no se pueden hacer planes, porque un día parece que todo va a ir muy bien y al día siguiente se complica un poco. Pero está en muy buenas manos». Además, confirma que los médicos hablan diariamente con sus colegas en España. Y termina agradeciendo a todo el mundo su apoyo e interés, «que sé que están todos rezando y haciendo fuerza para que todo salga para adelante».

Según publica *Abc*, la cantante podría volver en los próximos días a España. Para el delicado trayecto, dice el diario, sería necesario alquilar un «avión medicalizado», ya que es impensable que pueda venir de Houston en un avión normal.

Hace ya un mes y medio que Rocío Jurado y Ortega Cano están en Houston y el cansancio se refleja en los rostros de los familiares. Nada se puede afirmar ni negar categóricamente puesto que los cambios por los que cada día atraviesa la cantante impiden que sus familiares puedan hacer ningún tipo de plan. Todos los días no pueden hacer declaraciones ya que, lo que hoy es blanco, mañana es negro, y entre medias, gris. Leves mejorías y repentinas recaídas se suceden en poco tiempo.

Familiares, amigos y compañeros de profesión acompañan a Rocío y a su esposo en estos duros momentos. Muchos han sido los personajes del mundo de la vida social que quieren dar ánimos a la familia, mostrando su apoyo a esta gran cantante de la canción española. Desde España le mandan muchos mensajes. Y lo que todo el mundo espera es que se recupere pronto y vuelva a España.

ador Mohedano y su mujer Rosa, en la entrada de la clínica de Houston.

ROCÍO HABLA SIN TAPUJOS EN TVE

Televisión Española emitió el 10 de enero de 2006 la que hasta el momento es la última entrevista de la artista. Fue en el recuperado espacio de Jesús Quintero, *El loco de la colina*. La cantante, en una valiente entrevista en la que se muestra bastante recuperada, habla sin tapujos de su enfermedad. Es también el reencuentro de dos buenos amigos que tienen la oportunidad de sincerarse en el ambiente íntimo que crea Jesús Quintero. Uno frente al otro, el presentador hace con la artista un repaso por su dilatada trayectoria, deteniéndose en los momentos álgidos de la misma. «Una entrevista muy entrañable, muy para dentro», reconoce la cantante.

Pregunta: ¿Te sentiste presionada para hablar de tu enfermedad?

Respuesta: No, lo hice porque quise, había muchos rumores, se decían muchas cosas y la que de verdad sabía lo que pasaba era yo y quién mejor que yo para explicarlo, creía que era mi obligación. Reuní a todos los medios para contarlo.

P: ¿El mundo se viene abajo cuando a uno le comunican lo que tiene?

R: Totalmente, se acaba la perspectiva, los planes de futuro se rompen, piensas hasta aquí hemos llegado. Es un momento muy fuerte y te vienen dudas, por si has hecho lo correcto.

P: ¿Podrías ser feliz sin los aplausos y los focos?

R: He estado a punto de perderlo todo e intentaba imaginar cómo podría ser feliz sin eso, a lo mejor podía conseguirlo, pero eso no sería la felicidad.

USA

P: ¿Cuando estabas en Houston también cantabas?

R: En Houston también he cantado. Cuando me metían en la máquina aquella, les pedía música a las muchachas y les bailaba el bamboleo. Me preparaban para la radioterapia y yo les pedía música y te ponían la música que tu querías, paisajes. Yo pedía un traqueteo. Allí no estaba yo sola, había mucha gente y las chicas que nos atendían estaban cargadas de responsabilidad, eran maravillosas, yo intentaba hacer la cosa más ligera.

P: ¿Fue muy duro todo?

R: Nunca me he sentido tan hermanada con las personas que sufren como ahora, estoy dispuesta a lo que sea, con tal de echar una mano.

P: ¿Has perdido alguna vez la esperanza?

R: No, al contrario, tengo ganas de luchar. Y si no la gano cuando me vaya no será porque no haya peleado.

[...]

P: Ahora hay mucha gente que logra vencer a la enfermedad.

R: Cada día hay más gente que se cura, hay más esperanza, la gente está más mentalizada y estamos más encima de la enfermedad. No hay que tenerle miedo, la enfermedad juega con el miedo de las personas eso de «no quiero saberlo», hay que enfrentarse y rebuscar. Si tú estás preparada, lo puedes coger a tiempo.

[...]

P: ¿Ha variado cómo ves ahora las cosas?

R: Ahora todo tiene mucho más valor, cada día que amanece es un regalo. Al levantarte y ver el milagro de la vida es el puro espectáculo del mundo, ver amanecer y saber que estás dentro de ese espectáculo.

P: ¿Cómo lo ha llevado todo José?

R: Hay mucha gente a mi alrededor que ha sufrido, por supuesto José ha tenido una actitud maravillosa, pero en esta batalla estamos todos, a cada uno le doy su valor. Hay que ver cómo se han portado mis amigos, que gracias a Dios tengo un montón. José se ha portado maravillosamente, para él ha sido muy difícil, volvió a torear porque no podía vivir sin su pasión.

[...]

P: ¿Te trata bien la prensa?

R: Ahora sí, en general siempre he tenido buenos amigos y me han tratado bien, ha habido algunos momentos revueltos pero ahora estoy muy bien.

P: ¿Has podido conservar alguna parcela de intimidad?

R: Todavía tengo cosas privadas, sería horrible que toda tu vida estuviera siempre expuesta a todo el mundo.

P: ¿Qué pagarías por volver a ser una persona anónima?

R: Pagaría tanto como he ganado por conseguir no serlo, al menos como persona. En la vida siempre hay que pagar, y por mi vida artística he tenido que pagar muchísimo, pero no tanto, no es justo porque ya das mucho. Te abres por dentro, lloras, das tu verdad en el escenario, luego debes de tener derecho a vivir tu intimidad, yo sería incapaz de meterme en la vida íntima de nadie.

P: ¿Has llegado a no salir de tu casa?

R: Sí, no poder salir de tu casa, sentirte presa. A lo mejor sales de casa para ir al centro comercial de al lado, miras para atrás y ves una ristra de coches que te sigue, y te vuelves a casa. Lo que a mí me gustaría poder pasear por la playa, sentarme en Chipiona en Villacaña, con la brisa del mar y comerme un paquete de pipas, eso no puedo hacerlo.

P: Mucha gente dice que la fama al final no ha merecido la pena.

R: Aquí hay una más, pero hay dos lecturas, es maravillosa aunque a veces me pregunto, ¿vale la pena tanto? Y pienso que gracias a esa fama he podido hacer cosas importantes y ayudar a mucha gente. Eso es como cuando te enfadas con la persona que quieres y le dices no te quiero ver más, y luego estás deseando verlo.

[...]

P: ¿Te sientes parte del pueblo?

R: Yo es que soy pueblo, y creo que mi éxito reside en eso, en que sé dónde está mi raíz, y la gente se identifica con ello.

P: ¿Sigues rezando?

R: Hay que rezar siempre, tengo la letra de un fandango que me escribió Antonio Burgos y dice «Dios vino y me levantó, cuando todo se me hundía vino y me levantó, me hacen falta muchos días para dar gracias a Dios».

[...]

P: ¿Cambiarías los trescientos premios mundiales, los teatros del mundo, los poemas de Alberti o Burgos por el brillo de la juventud?

R: No, yo no quiero volver para atrás, lo vivido, vivido, lo pasado está pasado y que Dios me dé muchos días para tirar para adelante. Si volviera a nacer cometería los mismos errores, porque no puedo renunciar a ser como soy. Sólo volvería atrás para ver la carita de mi madre y mi padre. Vivo la frescura de la juventud con mi hija, mis sobrinos, mi niña, mi niño, mis nietos.

P: ¿Estás curada?

R: Del todo no, estoy en un momento de esperanza y de lucha, pero ojalá pueda llegar a decirlo pronto.

Entrevista extraída de la web
www.sevillapress.com/noticia

EPÍLOGO: CARTA DE JUAN DE LA ROSA

Madrid, a quince de marzo de 2006

Rocío mía:

Te escribo esta carta cuando en Madrid está a punto de entrar la primavera. Acabo de llegar de Chipiona para arreglar mis asuntos, tú ya sabes. Pero, Rocío, esta primavera no termina de cuajar porque tú tampoco estás aquí. El sol se va templando y la lluvia va y viene. Algunos almendros han roto ya en flor pero tu avión sigue sin despegar. Me dicen que ya te preparas para volver de Houston, ese lugar que ha sido tu casa en estos días de tanta ausencia, y hoy mismo he ido a contárselo a la Virgen de Regla. Quedamos todos los días; hablamos de nuestras cosas y de ti. Mucho, de ti. ¿Te acuerdas cuando viniste la última vez?, pues está igual de guapa. Ya sabe que te estoy escribiendo y te manda un beso grande.

¿Sabes? La gente te conoce tan poco. Tengo una amiga —que es tuya también— que dice que eres la gran desconocida. Tú que has sido tan fotografiada y tantas veces entrevistada desde aquellos días cuando dejaste atrás el tren de Chipiona, de la mano de tu madre y con aquellas ocho mil pesetas que te dio abuelo Antonio. Claro que menuda eras ya. Te plantaste e hiciste huelga de hambre durante una semana, con trece años. ¡Dios mío! Tú querías cantar y dejaste de comer para que te tomaran en serio. Con los años, me reconocerías que aquella huelga tuvo sus trampillas: algún vaso de leche, alguna cosita para que las tripas no desafinaran. Que lista, niña.

Recuerdo el día que te vi por primera vez. Cumplía el servicio militar voluntario y había viajado con mi amigo, con mi «hermano» Hilario, a Madrid desde Hellín, en 1963. Un día vimos una foto tuya en un *Abc* de los de antes y te escribimos una carta, como los fans de ahora, pidiéndote una fotografía dedicada. Bendita tú que nos contestaste; claro que éramos los primeros admiradores que te salían y no dudaste en ser amable. Más tarde nos plantamos a verte a la calle Silva y allí nos recibió tu madre. He de decirte que al principio la confundimos contigo: pelo negro, piel blanca y preciosa, ojos verdes, una Ava Gardner. Muy guapa. Pero, la verdad, era una mujer más rellenita que la de la foto de la revista que habíamos visto. Entonces apareciste tú para sacarnos de dudas. Guapa, rotunda, de cabello brillante, enfundada en unos pantalones de montar que quitaban el hipo. Desde ese momento, Rocío, no nos hemos separado. Y ha llovido tanto, tanto.

Tan joven, tan guapa y sola en Madrid con tu madre. Comenzaste a despuntar; con esa garganta lo tenías fácil en esta ciudad de gatos que empezabas a conquistar en las noches de tablao. Llegaría la película *Los Guerrilleros*, el premio Pérez de Guzmán y otros tantos. Ya sabes que para los nombres y las fechas soy malísimo. Pero no se me escapa ni un detalle de tus vestidos. Esos con los que revolucionaste el arte y la manera de vestir en un tablao. Tus trajes soñados, porque los imaginabas, los dibujabas, los pensabas para ti, para lucirlos. Y es que tú no te veías con esas batas de cola de las de antes, sin corte, ni entallados, ni escotes de mujer, ni con el moñito y la peineta. Y te inventaste aquel traje negro, largo hasta los pies, ajustado, con dos volantes bajos, una rosa roja en el tobillo y otra más que lucías en el pelo; al cuello, un pañuelito rojo al estilo francés. Cantar ibas a cantar igual pero desde luego había mucho por hacer. Que se lo pregunten si no a los de la televisión, aquella que entonces era la única que existía.

La flor de la canela, *Pájaro Choguí*, *Noche de ronda*, con ese pañuelo y esa flor. El pelo un poquito estirado, suelto y liso... de moño, nada. Lo tenías muy claro. ¿Te acuerdas cómo te miraba Ava Gardner o Dominguín, Xavier Cugat y la Begum...? Menos mal que te dijo que enseñaras las manos, esas grandes, blancas y largas manos que tanto te acomplejaban. «Tienes que enseñarlas, son una belleza», te dijo la Begum en tu camerino.

Me emociona recordar cuando empecé a llevarte la correspondencia, cuando te dije que me quedaba poca mili y que no tenía más que hacer. Tú me ofreciste estar contigo y allí que llegué al piso de la avenida de los Toreros, donde luego también acogiste a aquellos que no subieron al tren contigo y que dejaste atrás en Chipiona: tus abuelos Rocío y Antonio y tus hermanos pequeños, Gloria y Amador. Sentías tanta necesidad de tenerlos cerca. Desde que murió tu padre cuando eras una niña de doce años y tuviste que ayudar a tu madre a tirar para adelante rebuscando uvas, cosiendo, intentándolo con el taller de zapatería, tenías clavada la espinita de una escuela abandonada por la necesidad. Tú ya habías encontrado el camino en el cante, en la copla, en el escenario... tu pasión. Pero lo primero que hiciste cuando Gloria y Amador llegaron a Madrid fue matricularlos en un colegio. Ellos sí que iban a estudiar; tú te ibas a encargar de ello. Luego y durante toda tu carrera tuviste tiempo de desquitarte porque no ha habido libro que no te interesase y que no leyeses. Si cuando digo que la gente sabe poco de ti... ¿Y esos que dicen que no sabes hablar y que eres poco leída? Por qué no les cuentas cómo te gusta leer y tu pasión por las biografías y por la Historia. Si no te entienden al hablar, quizá sea su problema; de ellos, digo.

Eras tremenda y estabas tremenda. Entiendo a los que viendo la escultura de Chipiona que te hizo Juan de Ávalos piensen que luces muy delgada y esbelta.¡Ay si te hubieran visto con veinte años! Espectacular: esos ojos, ese talle, ese escote que quitaba el sentido, esa espalda.

Y cuanto trabajo, y ensayos, y viajes, y carretera y baúles y maletas y buscar el sitio poco a poco, al compás del esfuerzo. No quiero ni pensar si hubieras tenido una Operación Triunfo, unas luces, un plató, unas cámaras, un maquillaje, un estilismo, una promoción, una cadena de televisión volcada... no eso no lo has vivido tú. Lo tuyo ha sido una carrera de fondo, con buen ritmo pero con muchos repechos y desalientos. Las artistas, las estrellas se hacen a fuego lento. ¡Cuánta ilusión y qué orgulloso me siento!

Recuerdas la primera vez que fuimos a Nueva York y me dijiste: «Juan, tú vete mentalizando de que esto no es España y a lo mejor no me aplauden ni nada». Yo me asomé entre las cortinas del escenario y vi el Lincoln Center a reventar, y pensé que si no iban a aplaudir ¿qué hacían allí? Minutos después se levantó el telón, te anunciaron: «Señoras y señores, Rocío Jurado». Entonces sonó un aplauso grande, cálido, maravilloso. Fue entonces cuando me miraste desde el centro de las tablas y levantaste el pulgar y me guiñaste un ojo. Después, cuando acabó la actuación, lloramos.

Y es que eres muy tuya y no te gusta escatimar ni una nota. ¿En qué escenario no te has dejado la garganta? Tú no robas un minuto al público. Qué placer es ver cuando la gente se entrega, les regalas bises, llora al oírte cantar y tú con ellos. Ahora que lo pienso, cómo te he visto llorar. No puedo olvidar el día, la noche que se fue tu madre del alma. Esa Rosario que yo adoraba y que te cuidaba y también te paraba los pies si era necesario. «No olvides, Rocío, que las madres siguen pariendo artistas, y que pueden ser mejor que tú». Sentí su muerte como mía y es que, querida Rocío, eres mi familia, más que la mía propia. Tito Juan para siempre. Y tu niña... mi niña.

Hemos disfrutado lo bueno y también vivido lo malo. Los días con Pedro, de quien te enamoraste locamente, y él de ti. El nacimiento de Rocío, el colmo de la felicidad. Os quisisteis con locura. Luego, la vida os separó. Tu suegro Antonio Carrasco no consintió irse de tu casa: «Yo no me he peleado con nadie y quiero mucho a mi nuera». Allí se quedó hasta el final. Su hijo le iba a ver, aun cuando tú ya eras pareja de José.

¿Todavía me sigues reprochando no haber vivido nunca contigo? Mujer, yo estaba siempre que me necesitabas; o tú o la niña, pero quería mi casa, mis cosas... ¡Cuántas veces me dijiste que me trasladara y que viviera contigo! Pero si mi vida eras tú; lo que ocurre es que me gustaba dar mis vueltecitas.

Más momentos hermosos, como cuando, tras la actuación en el Teatro Real en Madrid, saludaste a la Reina. Recuerdo a doña Mercedes, la madre del Rey, y lo que le dijiste a doña Sofía al presentarme: «Es como mi hermano». Perdona que me ría, pero es que acabo de acordarme de que, en ese momento tan especial y solemne, se me ocurrió, como con toda la gente que he conocido durante todos estos años que he sido tu secretario del alma, pedirle un dibujo al Rey. Sí, a don Juan Carlos. Así, tal cual. Por cierto, eso me recuerda que tengo una carpeta llena de dibujos de muchísimas personas, pero tú nunca me has hecho ninguno. Bueno, ya sé que has empezado varios y que los has borrado, pero eso no vale.

Cómo encandilabas a las mujeres en Colombia, Santo Domingo, Nueva York, Méjico, Los Angeles o Puerto Rico cuando cantabas... *hace tiempo que no siento nada al hacerlo contigo*. ¡Toma ya! No podían creer que les estuvieras hablando en alto de sus problemas, claro que esa historia la escribió, como tú sabes, un hombre: Manuel Alejandro. *Y ámame otra vez, Como una ola, Señora...* ¡Qué belleza de canciones! ¡Qué revolución! ¿Le has contado a alguien que no te gusta que te llamen «la más grande»? Quizá tengan que saber que lo de «la más larga» es por la Piquer. Esa Piquer que nunca te reconoció y aún sigo sin saber la razón. Pero llamarte «la más grande» es sólo la idea de aquel productor mejicano para un disco tuyo. También deben saber que el flamenco es tu verdadera pasión, que te gusta cantar otras cosas, rancheras si hace falta, pero el fandango es fandango y tú lo sientes en el alma. Tu voz nos trastorna cuando te entregas a este cante.

Y es que tendrían que saber tantas cosas de ti que ni se imaginan; lo que hay detrás de la artista, lo auténtico. Cómo eres cuando estás en casa; lo que te gusta hacer un guiso —como aquel que le hicimos a Lola Flores cuando vino a la casa de Miami, patatas con bacalao—; qué buena mano tienes en la cocina y lo dispuesta que eres para faenar en lo que haga falta; lo que te entregas a los que quieres, tu generosidad, tu territorio para tus amigos, tu fidelidad, tu amor sin condición por tu hija, tu querer ayudar al que puedas, tu debilidad por Cádiz; lo que has sufrido y lo que has llorado.

En estos días de tu ausencia han dicho tantas cosas locas que no voy a ser yo quien te maree repitiéndotelas ahora. Y digo yo, no fuiste tú quien le contó a todo el mundo qué era lo que tenías, cuál era tu enfermedad, que padecías un cáncer. Pues eso. Que tú serás quien diga lo que hay que decir.

Hoy me han hecho doce análisis. Sigo con el tratamiento. «Juan, mañana mismo nos vamos a Madrid». El maldito lunar se había puesto feo, ¿te acuerdas? Han pasado ya tres años. Era verano. Estábamos en la playa, en Chipiona, y a ti que no se te escapa nada. Me dijiste que no te gustaba esa costra que le había salido a mi lunar. Efectivamente, era malo: un melanoma. Y me acompañaste a Madrid, y te levantaste conmigo, temprano, cada día, todos los días que hizo falta, para visitar a la doctora. La verdad es que llevo treinta años a tu lado. Te he atendido, cuidado, acompañado, ayudado y querido, pero también te he tenido a mi lado cuando te he necesitado.

Cuántas palabras bonitas para José, tu marido, por quien perdiste la cabeza y de quien te enamoraste como una chiquilla. Tu amor por él es grande; loca de amor, viviendo con él una maravillosa historia que unió vuestras vidas y en la que has parido la posibilidad de traeros a vuestro mundo a dos niños, esos hijos José Fernando y Gloria Camila que han inundado la casa de sonrisas y cariño. Yo te he visto cuidarles, desvivirte con sus deberes, sus lecciones, sus tareas. Hasta que no se lo saben, no se levantan del escritorio. Es tan importante que aprendan. Te decía que estos días en los que España está pendiente de cómo estás, de cómo te recuperas en Houston, se ha sabido de la entrega que José tiene contigo. Cariñoso, atento y a tu vera, junto a tu cama. Seguro que él recuerda cuando te tuvo a ti de enfermera infinita, en aquella gravísima cogida que superó pocas semanas antes de vuestra boda. Esas cosas se quedan dentro siempre. Tu dedicación, tus cariños, esas curas que sólo consentía que le hicieras tú. Supongo que ahora estás luchando como tú sabes hacerlo.

También me tranquiliza saber que Rosa no se despega de tu lado. Cómo te entiende, cómo sabe lo que necesitas y lo que te gusta. Igual te da un masaje y te prepara la medicina que te hace la manicura o te arregla el pelo. Pero el valor más grande es el del amor que siente por ti. Ella, que entiende tanto de hospitales, ha sido tu mejor compañía. Y tu hermana Gloria, tan pendiente, caminando cerca tuyo desde bien pequeña y también ya casada con José Antonio. Porque un poquito mimosa sí que eres. A veces pienso que, con la edad que tienes —que somos de la misma quinta, vida mía— eres una chiquilla. Tal vez te enfadas por un detalle infantil o te disgustas por algo que no tiene importancia. Pero así eres: una gran mujer con mucho de niña.

Cuántas ganas tengo de verte y de invitarte a unas nécoras —hembras, como a ti te gustan— o a unos buenos caracoles, y charlar y que nadie nos oiga, y oír a tu nieto David cantarte alguna de las tuyas y jugar a que nos equivocamos y que él —indignado— nos diga: «Así no es». Está para comérselo. Y tu nieta Rocío, para qué contarte. Qué cara tiene, qué ojos, qué hermosura. Es lista, mucho. Despierta. Sabe más que tú y yo juntos. Te echan de menos, a ti y a su madre. Porque la niña, tu Rocío, lleva contigo más de un mes. ¡Ay! esta niña de tus ojos por la que has perdido la vida. Ella lo sabe y algún día se dará más cuenta que nunca. Ahora está a tu lado, que es también fundamental para ti, con Fidel. Bien conoces tú mi adoración por la niña, mi niña. Que la he visto nacer, crecer, ennoviarse, casarse y descasarse. Todavía es joven y tiene mucha vida por delante.

La última vez que hablamos, hace unas cuatro semanas, disfruté cada minuto al teléfono. Me alegró mucho oírte después de los últimos sustos que hemos pasado.

Menudo lío con los periodistas. Yo les digo que te dejen tranquila, que tienes que curarte con tranquilidad. Amador, tu hermano, está toreando como puede la situación. Sé que sufre por ti y que ya está en Madrid para preparar tu vuelta, y eso para mí son buenas noticias. Eres el alma de la familia, y tú lo sabes.

Ahora no estás para cuentos pero te diré que todas las cosas que han dicho sobre la gala que hiciste para Televisión Española en diciembre han de quedar muy claras. ¿Que te encontraste mal? No es cierto. Si tú no hubieras estado bien, hubiera sido yo el primero– y, por supuesto tu familia– en plantarme delante de la puerta para no dejarte salir a actuar. No entiendo por qué dicen algo que no es cierto y que ni siquiera pueden testificar que lo han visto. Pocos saben como yo cuán feliz y contenta te sentiste al volver a cantar, al actuar delante de unas cámaras que llevaban tu imagen a millones de personas. Fuiste muy feliz. Eras una niña con los más hermosos zapatos nuevos.

Aquí, junto a la clínica donde te van traer para cuidarte, hay muchos árboles. El aire es limpio, y aunque creo que están terminando algunas obras, puedes escuchar a varias parejas de pájaros cantar. Están ensayando, Rocío. Alguien les ha debido decir que vienes, que vuelves a casa. Te espero, vida mía.

Te esperamos.

Tuyo, siempre,

Juan de la Rosa